बिखरे मोती, टूटे ख़्वाब

आकर्ष ओझा

चरण-कमलों में समर्पित

आईपीएस श्री विकास वैभव

(आईजी सह अपर महासमादेष्टा गृह रक्षा वाहिनी एवं अग्निशाम
सेवा)

श्रीमती सावित्री देवी, श्री चंद्रकिशोर चौबे (सेवानिवृत्त शिक्षक)

क्रम-सूची

क्रम-सूची

क्रम-सूची

क्रम-सूची

क्रम-सूची

भूमिका

लोग कहते है तू बस दर्द ही लिखता है,

मैंने कहा, वहीं तो आजकल सबसे ज़्यादा बिकता है।

किसी का प्यार में दिल टूटना, कहीं किसी का अपनों से रूठना,
कभी बेदर्दी से अपनों को ही लूटना, कंधे पर हाथ रख पीठ में
चाकू घोंपना।

दर्द कहाँ नहीं है माँ-बाप से दूर होने में, अपनों को आँखों के
सामने खोने में, स्वार्थ के साथ रहने, हँसने और रोने में, दबाव
में विश्वास का संतुलन खोने में। हर शख़्स के कंधे पर जो हाथ
है, ज़रूरी नहीं वह हमेशा उसके साथ है। मेरे दिल में खुशियों का
पलड़ा हल्का रहता है, लिखने जाऊँ खुशी, दिल दर्द ही कहता है।
ख़ुशी का लिखा लोगों को कहाँ खुश करता है। लिखता है आकर्ष
दर्द-ए-दिल और इसी से सब सीखता है। दर्द की दुकानें है यहाँ,
सबको सिर्फ़ दर्द ही दिखता है।

विरह अग्नि से तपकर ही तो प्रेम कुंदन होता है,

स्मरण करके राधा को मेरा कान्हा भी बेचैन होता है।

कष्ट केवल हमको ही नहीं उसे भी कष्ट होता है,

जब वह ईश्वर नहीं होता है सच तो में वह भी बहुत रोता है।

एक बार मेरी बात मेरे एक मित्र से हो रही थी। उन्होंने कहा
इंस्टाग्रामपर आपकी कुछ कविताएँ, शायरियाँ मुझे बहुत अच्छी
लगती हैं, आप इन्हें साहित्य के रूप में दीक्षित करें।

मैंने अपने प्रत्युत्तर में कहा, "मैं अदीक्षित हूँ और अदीक्षित ही
बना रहना चाहता हूँ। मेरे अंदर का छोटा बच्चा जो बड़ा होने

से बचता, कतराता है, जब कुलबुलाता है, तड़पता है, चौंकता है, बोलता है, अचम्भित होता है, सवाल पूछता है या रोता है, हँसता है, हँसाता है तो वहीं मेरा साहित्य होता है। मैं अंदर के उस छोटे बच्चे कोबड़ा नहीं होने देना चाहता"।

चम्पारण के चनपटिया से बिहार की राजधानी पटना के सफ़र के दरमियाँ मैं बहुत तरह के लोगों से मिला। पटना में मुझे बहुतों को जानने और समझने का सौभाग्य भी प्राप्त हुआ जिसमे से मेरे बहुत से अपनों ने सुझाव दिया कि आप की रचनाओं में जो अलग-अलग दिशाओं की यात्राएँ या भटकाव है वह ख़त्म होना चाहिए। कभी आप कविता लिखने लगते हैं, कभी कहानी, कभी व्यंग्य कभी डायरी तो कभी शायरी। इसकी जगह एक ही विधा चुन लीजिए और उसी में लिखिए। मैंने पूछा कि इससे क्या होगा। उन्होंने कहा कि जैसे अखाड़े में पहलवान यदि एक दांव साध लेता है तो सबको चारों खाने चित्त कर देता है अन्यथा इधर उधर के दांवों में भटकता रहता है।
मैंने कहा- मैं न तो अखाड़े में हूँ, न ही मेरा साहित्य कोई दांव है और न ही किसी को चित्त करना चाहता हूँ। मेरा साहित्य तो शीतल मंद सुगन्ध की तरह है जो मुझे राहत देता है, बादल की तरह है जो मुझे छाया देता है। यदि यह दूर-दूर तक फैल कर दूसरों को भी राहत दे सके, आनन्द दे सके, छाया दे सके तो यहीं इसकी सार्थकता है।

इस तरह के सुझाव मुझे लगातार मिलते रहे। सबके मन का भाव यह था कि जब तक मैं कोई एक विधा नहीं साध लूँगा, मेरी रचनाओं में बिखराव जारी रहेगा तथा भविष्य के लिए मेरी कोई पहचान नहीं बनेगी। तो इसपर मैं सबको यहीं कहना चाहता हूँ

कि, मैं ऊँचाई पर जाना चाहता हूँ मगर इतना भी नहीं कि फिर ज़मीन की कोई आवाज़ मेरे कानों में न आए। फलक के पास जाने की रज़ा तो है लेकिन मैं चाहता हूँ मेरा घर भी मेरे साथ आए।

मैं आज यह गर्व से कहना चाहता हूँ कि मैं मूलतः किसान का बेटा हूँ और बिखराव के अर्थ और लाभ मैं जानता हूँ। केन्द्रीयकृत कृत्य और विकेन्द्रित कृत्य दोनों ही जीवन के लिए आवश्यक है। मैंने देखा है, किसान की तो पूरी व्यवस्था ही बिखराव और जुड़ाव पर आधारित है। खेत तैयार करता है तो मिट्टी के ढेलों को तोड़कर, बिखेर कर, भुरभुरी बनाकर। बीज बोता है तो बिखेर कर, सींचता है तो बिखेर कर, खाद डालता है तो बिखेर कर और फ़सल की कटाई-दवाई भी करता है तो बिखेर कर तो यह बिखराव यदि मेरे साहित्य में है तो मेरी निधि है और इसे मैं समाप्त नहीं होने देना चाहता। मुझे अक्सर एक कवि की बात याद आती है, जब तक अनन्त भी बिखर कर शून्य नहीं हो जाता, वह ईश्वर भी नहीं होता।

मैंने अपने एक मित्र को एक बार एक कविता सुनाई। उनको मेरी वह कविता अच्छी लगी। दरअसल वे उस दिन पढ़ने को चश्मा नहीं लाए थे, इसलिए स्वयं नहीं पढ़ पाए थे। वे कविता की एक प्रति अपने साथ ले भी गए थे फुर्सत में पढ़ने के लिए। बाद में मिलने पर बताया कि उस कविता को जब उन्होंने अपने चश्मे से मेरी कविताओं को पढ़ा तो उन्हें मेरी रचना और अच्छी लगी। मुझे यह जानकर बहुत ख़ुशी हुई कि मेरी कविताएँ जब पाठक अपने चश्मे से पढ़ते हैं तो वह उन्हें और भी अच्छी लगती हैं।

मैंने इस पुस्तक के माध्यम से अपनी आत्मा द्वारा सौंपी गई प्रत्येक कविता को आप तक पहुँचाने का सतत् प्रयास किया है। मैं अपनी यह रचना आपके हाथों में इस विश्वास के साथ सौंप रहा हूँ कि मेरी इस रचना "बिखरे मोती टूटे ख़्वाब" को आप सभी अपने चश्मे से पढ़ेंगे, ख़ूब डूबकर तथा अपने अनुभवों को उसमें डुबाते हुए पढ़ेंगे तब आपको मेरी यह रचना ज़रूर अच्छी लगेगी।

प्रस्तावना

'अपने-अपनो की थोड़ी मदद से मैं विजय पा लूँगा' इस वाक्य की सार्थकता को मुझसे ज़्यादा कोई नहीं समझ सकता। मेरी कविताओं को किताब तक पहुँचाने में मेरे अपनों का सदा सहयोग रहा। मैं ढेर सारे लोगों के प्रति आभारी हूँ जो मेरी ज़िन्दगी में आए और मुझे अपने जीवन में आने का आमंत्रण दिया। इस प्रक्रिया में हम सब ने मित्रता के खिलने का अनुभव किया। उनमें से कुछ परिपक्व थे, कुछ अपरिपक्व भी लेकिन सबने अपनी-अपनी छाप छोड़ी। यह पुस्तक इस आशा के साथ प्रस्तुत है कि इससे जीवन के कुछ आयामों को बेहतर ढंग से समझा जा सकेगा।

मैं ख़ास तौर पर अपने नाना जी श्री चन्द्राकिशोर चौबे, नानी श्रीमती सावित्री देवी, अपने पिता श्री अमरेंद्र कुमार ओझा उर्फ़ मुन्ना ओझा और अपनी माँ श्रीमती रागिनी ओझा का आभारी हूँ जिन्होंने मुझे जीवन के विभिन्न आयामों से अवगत कराया। उन्होंने अपनी जीवन के अनुभवों द्वारा मुझे बहुत कुछ सिखलाया। अपनी ज़िन्दगी में हिस्सेदारी की अनुमति देकर उन्होंने वह सब कुछ दिया जितना कि वे भी नहीं जानते होंगे। मनोज मुंतशिर, डॉ कुमार विश्वास, प्रकाश कुमार व अन्य कलमकारों का मैं सादर आभारी हूँ जिनकी कविताकों को पढ़कर मैंने बहुत कुछ सीखा। विशेष रूप से सेंट माइकल्स हाई स्कूल, पटना का शुक्रिया अदा करना चाहता हूँ जहाँ अध्यापकों का स्नेह, आशीर्वाद सदैव बना रहा। "बिखरे मोती टूटे ख़्वाब" पुस्तक के सृजन के क्रम में अपना अपना योगदान देने वाले मेरे सभी सुभचिंतको को मेरा सादर आभार जिन्होंने समय-समय पर हौसला अफ़ज़ाई कर कविताओं के प्रति मेरे प्रेम को बढ़ने में मेरी सदा

सहायता की। मैं अपने सभी दोस्तों को सदा मेरा साथ देने एवं उत्साह बढ़ाने के लिए मैं तह-ए-दिल से उनका शुक्रिया अदा करना चाहता हूँ।

चंद पंक्तियाँ मैं अपनी तमाम विपत्तियों को समर्पित करना चाहता हूँ

हे विपत्तियों, तुम मेरा कभी साथ छोड़ मत देना,
मेरे हौंसलों को देखकर मुझसे मुँह मोड़ मत लेना।

कहीं घेरे न आलस्य मुझको और बाट अधूरी रह जाए,
जी भर के मुझे शृंगारो, शृंगार अधूरा न रह जाए।

तुम मेरे तन और मन पर ज़ख़्म जब लगाती हो,
उतना ही आगे बढ़ने की मेरी हिम्मत को बढ़ाती हो।

दिव्य मिलन से पहले मेरा ग़र मन पावन हो जाएगा,
तब अपना अहम मिटा कर, वह अश्रुमें खो जाएगा।

हे आँधियों, मुझे रोको कि कोई कसर अधूरी न रह जाए,
लगा दो पूरा ज़ोर तुम, कहीं प्रयास अधूरा न रह जाए।
मुझको तुमको पाने का एक आस अधूरा न रह जाए।

विशेष धन्यवाद

डॉ. मारी एन डी'क्रूज़
उप प्रधानाचार्य महोदया
सेंट माइकल्स हाई स्कूल, पटना

श्रीमती संज्ञा
शिक्षिका (अंग्रेज़ी विभाग)
सेंट माइकल्स हाई स्कूल, पटना

श्रीमती स्टेला पॉल शाह
वरिष्ठ शिक्षिका (हिंदी विभाग)
नोट्रे डेम अकादमी, पाटलिपुत्र

श्री संजय कुमार सिंह
वरिष्ठ शिक्षक (गणित विभाग)
सेंट माइकल्स हाई स्कूल, पटना

अभ्युदय मिश्रा
दिल्ली विश्वविद्यालय

अमन "रेहान"
IIT(ISM) धनबाद
अक्षत उत्तम
(सम्पादक)
छात्र, सेंट माइकल्स हाई स्कूल, पटना

1. बिखरे मोती टूटे ख़्वाब

मैंने पति प्रेम में सती के आत्मदाह से लेकर,
सीता को राम के साथ वनवास जाते देखा है।

अँधा था धृतराष्ट्र तो मैंने गांधारी को
अपनी आँखों पर काली पट्टी बाँधते देखा है।

किसी ने पूछा मुझसे, "क्या तुम प्यार करते हो" ?
मैंने उनसे कहा- हाँ मैं प्रेम करता हूँ।
मेरे साहित्य ने अगर मुझे कुछ सिखाया है
तो वह है निश्छल और निस्वार्थ प्रेम करने की प्रवृति।
प्रेम तो सभी करते हैं। अब ये निर्भर करता है कि
प्रेम की परिभाषा किसके लिए क्या है।
अच्छा आप ही मुझे बताएँ कि
प्रेम आख़िर होता क्या है?
"नहीं जानते" यही उनका जवाब था।
मैंने मुस्कुरा कर कहा "ना जानना ही तो प्यार है" क्योंकि
सोच समझकर तो व्यापार किया जाता है, प्यार नहीं ।
प्यार तो बस हो जाता है। वह ना पता पूछता है, ना काम,
ना जिस्म देखता है, ना हैसियत देखता है।
अगर कुछ देखता है तो बस दिलबर की वे आँखें,
जिनमे डूब जाना खुदा का फ़रमान लगता है
और उन्हें बेवजह देखना खुदा की इबादत।

अगर मुझसे कोई पूछे प्रेम क्या है?
तो परिभाषित करते हुए मेरा उत्तर हर बार,
बारम्बार एक ही होगा;
समर्पण, समर्पण और समर्पण।

आगे कुछ लिखने से पहले,
चलो मैं एक कहानी बताता हूँ।
वियोग में कैसे मृत्यु पा जाते हैं,
एक ऐसी घटना सुनाता हूँ।

बरगद के पेड़ पर बैठे,
बात करते हुए मैंने दो परिंदो की बातें सुनी-
तोता- मैं तुमसे बेहद प्रेम करता हूँ।
"हाँ मैं भी" , मैना ने मुस्कुराते हुए जवाब दिया।
तोता- तुम मुझे छोड़ कर उड़ तो नहीं जाओगी?
मैना बोली- कभी नहीं
अगर उड़ भी गई तो तुम मुझे पकड़ लेना।
तोता-तुम तो मुझसे उड़ने में काफ़ी तेज़ हो,
मैं भला तुम्हें कैसे पकड़ पाऊँगा?
तकलीफ़-ए-'अर्ज़-ए-हाल,
इतना सुनते ही मैना ने अपने दोनों पर काट दिए।
"मैं अब कभी न उड़ सकूँगी, हमेशा तुम्हारे पास रहूँगी"
दर्द भरी मुस्कान के साथ मैना बोली।
बदलते मौसम का रुख कुछ ऐसा था जैसे
कोई भारी तूफान आने वाला हो।
तोता घबराया, मैना घबराई।

चलो जल्दी से किसी महफ़ूज़ जगह पर छुप जाएँ।
मैना बोली- मैं तो उड़ न सकूँगी
एक काम करो तुम कहीं जाकर छुप जाओ।
ठीक है तुम अपना ख़्याल रखना
इतना कह कर तोता उड़ गया।
आँधी थमी, बारिश रुकी।
जब तोता वापस आया तो देखा कि
मैना वहीं पर प्राण त्याग गिरी पड़ी थी
और वहीं तरख़्त की शाख़ पर लिखा था-
काश एक दफ़ा,
काश वह एक मर्तबा कहता कि
मैं तुम्हें अकेले छोड़ कैसे चला जाऊँ
तो मैं मौत से पहले न मरती।

पहला प्यार !

मैंने हज़ारों प्यार के नगमे लिखे,
हाँ, अपने प्यार को मैंने पाया भी,
लड़ते-झगड़ते मैं साथ रहा,
मैंने भोजन उसी के हाथों से खाया भी।
अनुभूति मुझे बाद में हुई,
मैंने अपने पहले प्यार से मुलाकात की,
तब फ़ोन लगा कर मैंने, माँ से अपनी बात की।
हाँ, मेरी माँ ही है मेरा पहला प्यार।
मुक्कमल था मेरा पहला प्यार!
शब्दों में छुपाए नहीं छुपता माँ का प्रेम
आकर्ष की ताज है वो ।

मेरी खुली आँखों में बंद एक सुनहरा ख़्वाब,
आँखों में बसती मेरी सरताज है मेरी माँ।
आइना देखे तो आइना भी करे फक्र ख़ुद पर,
एक गाँव वाले लड़के की नाज़ है मेरी माँ।
जो मैं लिखता हूँ अपनी स्वरचित कविताएँ,
अक्सर हर लफ्ज़ में निकल वह आती है,
तमाम खूबियों से भरी है,
मेरे दिल की बेहतरीन आवाज़ है मेरी माँ।

मैं लिखता रहा, देखता रहा, सुनता रहा किस्से प्यार के,
मेरी पहली व अंतिम प्यार मेरी माँ है,
यह सोच मैं जीवन पथ पर सदा मग्न चलता रहा।

मेरी माँ, जो मेरे कलेजे में बसती है वो
देख भले दूर से भीड़ में मुझे, हँसती है वो,
माँ से दूर जो हूँ तो सहन नहीं होती दूरी,
आज भी शहर की तन्हाइयों में
यादों में मेरे हमेशा आती है वो,
मैं जनता हूँ मुझे न देख पास अपने,
मुझसे झूठ बोल कर रोती है वो,
जब पास था मैं, सुबह-सुबह जगाती भी थी,
शामों को घंटो बतियाती भी थी,
मुझसे गुस्सा कर लेती थी,
फिर ख़ुद माफ़ कर प्यार जताती भी थी।
दर्दों के बिखरे धागों में, हर एक पल इश्क़ पिरोती है वो,
मेरे शब्द बयाँ है करते,
मेरे हर लफ्ज़ में शामिल होती है वो।

और,
मेरी माँ के मन के सब रंगो को
मिल कर रहने की रीत पुरानी है।
तुम मानो न मानो,
यही मेरी एक प्रेम कहानी है,
सिर्फ यही मेरी एक प्रीत कहानी है।

खैर ये तो थी मेरी और मेरी माँ की प्रेम कहानी है।
पर मैं आगे लिखता रहा प्यार के नग़मे शब्दों से अपने,
किंतु आज तुमसे एक बात और कह रहा हूँ-

सुनो तुम प्यार नहीं करना
सुनो तुम प्यार नहीं करना
अगर हो भी जाए प्यार तो,
सुनो इज़हार नहीं करना।

करना है तो कर लो ,
भले इश्क़ एक तरफा तुम,
ठहरना ना कभी किसी के लिए
किसी का इंतज़ार नहीं करना।

है अगर प्यार सच्चा तो,
कभी इकरार नहीं करना,
सुनो तुम प्यार नहीं करना!
सुनो तुम प्यार नहीं करना!

प्यार नहीं करना?

कुछ लोग इसे सही भी कहेंगे,
तो मुझे ग़लत भी ठहराया जाएगा।
पर क्या सही है और क्या है ग़लत यहाँ,
यह कौन हमें बताएगा?

अगर मेरी लिखी हुई कविताओं की पंक्तियाँ ग़लत है,
तो फिर सही क्या है?
और अगर वह सही है तो फिर ग़लत ही क्या है?
अच्छा चलो मैं सही ग़लत के बीच का
एक मसला तुम्हें बताता हूँ।
ज़ीनत विपुल के प्रेम की गाथा तुम्हें सुनता हूँ।
चलो मैं ज़िंदगी को ज़िंदगी से रूबरू आज कराता हूँ।

वो सप्तमी नवरात्रि की जब विपुल ने पहली बार देखा था
ज़ीनत को विद्यालय के बाहर।

उसको देखना विपुल के लिए इतना सुखद था,
जितनी बारिश में मिट्टी की सौंधी महक,
जैसे अपने पसंदीदा गाने के बोल गुनगुनाना
जैसे किसी एक लम्हें को याद कर मुस्कराना
उसको देखना विपुल के लिए इतना सुखद था
जैसे गुलज़ार की कोई नज़्म लगातार सुनते चले जाना !

ज़ीनत जो उसकी ही कक्षा में पढ़ती थी,
सूरज भी निस्तेज था सूरज चाँद में खोया खुदका नूर था,
उसकी रूहानी एक झलक के आगे तो कोहिनूर भी बेनूर था

वह रूप की लावण्या, उसके होंठ गुलाबी,
कोमल काया, श्वेत कंगन खनकाए !
आँखों से छलकते जाम जिसके,
मृगाक्षी वो अंग-अंग फड़काए !
अधरों से टपकते प्रेम रस, सरस कंठ
वो नागिन-सी बलखाए !
तिरछी नज़र, नशीली आँखें, जैसे कोपल कमल कुम्हलाए !
यह रूप यौवन देख कर, मन वश में न आए !
मन वश में न आए!
कहीं यह सब छलावा तो नहीं,
नहीं ये उसकी खूबसूरती का तराना है।

विपुल एक अति साधारण घर का एक साधारण लड़का था
तो वही ज़ीनत एक बड़े अच्छे घर से तालुकात रखती थी।
अगले कुछ दिनों तक, रातों में ख़्वाब देखता और ख्वाबों
में ज़न्नत को और सुबह उस ख़्वाब को याद करते हुए
मुस्कराते रहता था।
ज़न्नत लिखूँ या ज़ीनत, बात एक ही है क्योंकि,
उसकी ख़ातिर जैसे ज़न्नत ज़ीनत थी और ज़ीनत ज़न्नत।
सुबह उठते ही बिस्तर से दौड़ते हुए जाकर
वह अपनी पुस्तक पर उसकी लिखावट देख अति
प्रसन्नतापूर्वक निहारते रहता था।
शाम को बैठे हुए कोई गाना सुनता था
और कुछ बुदबुदाते हुए मुस्कराने लगता था।
फिर खाली वक़्त में कुछ लिखने लगता था
तो कभी ख़ुशी से ख़ुद को झुमाने लगता था।

पता है इन सब में एक समान चीज़ क्या थी?
"ज़ीनत" और उसके प्रेम में डूबा विपुल का सर्वांग।

बेमतलब के लिए, तो कभी बस दिललगी के लिए।
वो ख़ुद में ढूँढता ही रहता था ज़ीनत को
अपनी ज़िन्दगी के लिए।

विपुल विचारो में डूबता चला गया कि क्या उसे ज़ीनत के
सामने दोस्ती का प्रस्ताव रखना चाहिए या नहीं?
वक़्त के साथ बदले जज़्बात
और आख़िरकार बढ़ा ही दिया विपुल ने ज़ीनत के सामने
दोस्ती का हाथ।

" मैं तुमसे सब सच बोलूँगा
और बताऊँगा अपनी सारी बुराइयाँ,
मैं तुमसे झूठ भी बोलूँगा
और दो-चार बुराइयाँ अपनी तरफ़ से और जोड़ दूँगा
और आज मैं रख रहा हूँ तुम्हारे सामने
अपनी दोस्ती का प्रस्ताव
और तुम्हारे द्वारा उसे स्वीकार किए जाने का
इंतज़ार भी करूँगा क्योकि,
किसी को तमाम बुराइयों के साथ अपनाना ही
सच्चे दोस्ती की पुष्टि करता है "

क्या तुम मुझसे दोस्ती करोगी ज़ीनत?
विपुल के इस सवाल के जवाब में मुस्कुराते हुए ज़ीनत का
ज़बाब था "क्यों नहीं, मुझे कोई हर्ज नहीं"।

ज़ीनत के इस उत्तर से प्रतीत तो ऐसे हो रहा था
जैसे वह पथिक की तरह इंतज़ार में ही थी उस पगडण्डी
के और उसने सिर्फ़ एक इशारे मात्र से
उसने उस राह को चुन लिया।

चलो हाथ तो तुमने बढ़ाया है दोस्ती का,
मैं इसे थामें रखने का इरादा करती हूँ।
आज मैं तुमसे हमारे आज़ीवन दोस्ती का वादा करती हूँ।

और आगे उनकी दोस्ती इतनी गहरी हो गई कि जैसे-
एक दोस्त मिला हो उसे यूँ ज़िंदगी की राह पर
जब वह पूरी तरह से टूट चुका था, बिखर चुका था।
उन्होंने ज़िंदगी भर की दोस्ती का वादा किया,
एक दूजे का हर पल साथ देने का इरादा किया था।
और मुझसे कहना जब भी ज़रूरत हो मेरी,
कह इतना, ज़ीनत ने विपुल का ग़म आधा किया था।
उसने बीते कल को भूलना सिखाया उसे,
ज़िंदगी में आगे बढ़ने का रास्ता बताया उसे,
टूटे ख़्वाब लिए तो बिखरते हैं सब लोग जहाँ में,
पर ज़िंदगी के हर मोड़ पर खुश रहने को समझाया उसे।

न जाने कहाँ से शुरुआत हुई, बस यूँ ही उनकी बात हुई
उन्होंने ऐसे समझा एक दूजे को,
जैसे किसी ने किसी को समझा ही ना होगा।

वे राज दिलों के खोलते गए,
एक दूसरे को दोस्त बोलते गए,

रातों को सुनी हुई कहानियाँ उसकी,
कभी हँसाती थी, कभी रूलाती थी।
पर उनको सुन ने के बाद,
वाक़ई वह विपुल को चैन की नींद सुलाती थी।
विपुल तो दोस्ती में यूँ इस क़दर मग़रूर हुआ,
कि जैसे अगर वह ख़ुदा से कहे
कि उसे कोई फ़रिश्ता दे दें, तो माँगता,
कि उसे ज़ीनत की ताउम्र दोस्ती का रिश्ता दे दें।
गहरी दोस्ती के साथ साल बीते,
दोनो साथ में रहते और एकदम कमाल जीते।

वो दो तरफ़ा दोस्ती एक तरफ़ा इश्क़ तब तक ही रहा
जब तक एक रूहानी मोहब्बत भरे रिश्ते के लिए
ज़ीनत मान न गई।
हाँ अथाह प्रेम की जीत हुई। विपुल का निश्छल, निस्वार्थ
प्रेम देख और वक़्त के साथ उसे महसूस करते
ज़ीनत को भी विपुल से प्यार हो गया।
आख़िरकार हो ही गया दोनों में बेपनाह, बेहिसाब मोहब्बत।
बदल ही गई दोस्ती प्रेम के रिश्ते में।

ख़ामियाँ ना दिखे ना कमियों पर नज़र पड़े,
हाल-ए-दिल एक दूसरे को बताते गए।
एक दूजे के नाम किया था तब अपना सर्वस्व उन्होंने,
प्यार का मतलब अपने नादान दिल को समझाते गए।
दिल से दिल मिलते रहे, वह ख़ूब प्यार जताते गए।
वादें प्यार में तो मानो ऐसे थे, जैसे-
पूरा हक़ है हमारा हम दोनों पर,

हम हमारा हक़ निभाएँगे।
जो कभी ना पूछोगी भी सवाल तुम,
हम फिर भी सब सच बताएँगे।
जब ठंड भरी रातों में तुम्हारे हाथ कँपकँपायेंगे।
बेफिक्र बैठे रहना रजाई में तुम,
तुम्हारे लिए चाय हम बनाएँगे।

लेकिन मुझे जहाँ तक लगता है कि बचपन की मोहब्बत
तभी तक सच्ची होती है जब तक बचपना रहता है।
इस बात का यक़ीन आपको तब होगा जब आप
ज़ीनत और विपुल के प्यार की दास्ताँ सुनेंगे;

बारहवीं कक्षा से उनकी दिललगी
रफ़्तार-ए-वक़्त के साथ ख़ूब बढ़ती चली गई
ख़ैर अगर मैं दिललगी ना लिख,
वहाँ आशिक़ी लिखता तो बेहतर होता।
क्योंकि आशिक़ी दिल्लगी नहीं होती।

ख़ैर, जो भी हो, दोनों के बीच काफ़ी प्यार था,
वे एक-दूसरे को काफ़ी पसंद किया करते थे।
ज़ीनत की ख़ूबसूरती का अगर वर्णन किया जाए तो

आँखें उसकी थी मृगनैनी,
गुलाब के जैसे होंठ थे!
बाल खुले तो लगे सुनहरे काले बादल,
चन्दन बदन हिमालय के बर्फ-सा!
इंद्रधनुष से भौं लगते थे

महके अंग-अंग के ख़ुशबू हरसिंगार के अर्फ-सा!
वो झील-सी गहरी शांत शीतल आँखें,
वो सुनहरे अल्फ़ाज़, उसकी मधुर वाणी,
उसकी बनावट अप्सराओं-सी मनमोहक,
उसकी होंठो की लालिमा उगते सूरज-सा।
संगमरमर-सा उसका चमकता चेहरा!
उसके रूप का लावण्य, थी वह हुस्न की मल्लिका।
हाँ, मैंने उसकी खूबसूरती का वर्णन लिखा है।

प्यार में डूबे विपुल को ज़ीनत के सिवा कुछ नज़र नहीं
आता। विपुल कभी भी ज़ीनत के अलावा
किसी गैर लड़की को देखता तक नहीं था,
ख़्याल आना तो दूर की बात थी।
विपुल ज़ीनत से अपने प्यार का इज़हार सरेआम करना
चाहता था परंतु ज़ीनत कभी भी यह नहीं चाहती थी कि
उनके इश्क़ को ज़माने की नज़र लगे।
क्योंकि बचपन के साथ नादानियाँ भी थी,
जो प्यार था तो परेशानियाँ भी थी।
इसके बावजूद दोनों में काफ़ी प्यार था।
स्कुल की पढ़ाई जब पूरी हुई
तब तक तो सब अच्छा चल रहा था।
पर वह विद्यालय का अंतिम दिन;

गम-ए-हिज़्र सताता रहा उन्हें।
फुर्क़त के ख़्यालों तक से डरने वाले
तब दूर होते नज़र आ रहे थे।
उनके बीच शायद अब दूरियाँ बढ़ती दिख रही थी।

उस दिन न कुछ भी बातें की, न ही कोई सौगात दिए,
सिर्फ आँखों से आँसू छलके, नज़रो से प्यार पैगाम दिए।
वह आख़री दिन था जब प्रेम भरी नम आँखों से
जी भर कर देखा था विपुल ने ज़ीनत को।

बारहवीं करने के बाद ज़ीनत आगे की पढ़ाई के बारे में
सोचते हुए बनारस चली गई। पर विपुल, घर वालों के पास
इतने पैसे तक न थे जिससे एक साधारण से परिवार का
भरण-पोषण किया जा सके।
तमाम कोशिशों के बाद जैसे-तैसे स्नातक करने के लिए
विपुल ज़िला विश्वविद्यालय चला गया।
वहीं दूसरी ओर रुख करें तो

रंगीन शाम बनारस की, हवाओं में इश्क़, फ़िज़ाओं में प्यार
झूमती बहारें भोर में, खिलती कलियाँ काँटो में !
चंचल भौंरें, मनोरम दृश्य साँझ की घाटों में
और गज़ब का सुकून था ज़ीनत को बनारस की रातों में !

वहाँ विपुल दिन-रात खोए रहता था ज़ीनत की यादों में तो
दूसरी तरफ़ बनारस जाकर ज़ीनत बनारस की रंगीन रंग में
ढल गई थी और जीवन के इस मोड़ पर ज़ीनत की ज़िंदगी
में आगमन होता है किसी तीसरे की और
वह लड़का कॉलेज का सबसे विख्यात लड़का "निशांत"

वो शांत सवेरों-सा था दिखता,
वह रहता था घाट किनारें पर।
लिखने को हैं शब्द नहीं, उसके चेहरे प्यारे पर।

खूबसूरत आँखें, मासूम चेहरा,
मरती थी लड़कियाँ उसके हर एक क़ातिल इशारे पर।
निशांत बहुत आकर्षक था
जिसके कारण उस पर ज़ीनत फ़िदा हो गई।
" हाँ चाँद हसीं था, शाम रंगीन थी वहाँ
दो पल की खुशियों के दाम ऊँचे,
मामला बेहद संगीन था वहाँ!
रफ्ता-रफ्ता नहीं, तेज़ी से कट रही थी,
बनारस में ज़िंदगी ज़ीनत की,
अरे! आखिर कौन करता है इंतज़ार हकीक़त में भला! "

गुज़रता वक़्त बदलता है, यही तो वक़्त की फ़ितरत है।
ज़ीनत विपुल को भूल बैठेगी
यह तो कोई सोच भी नहीं सकता था!
कोई किसी का नहीं होता ये सच में बता ही दिया उसने,
रिश्ते के दरमियाँ दूरी क्या हुई,
उस रिश्ते को एकदम नीचे गिरा ही दिया उसने।
और जब तक साथ थे तो था सब एकदम ठीक,
थोड़े दूर क्या हुआ दोनों,
विपुल के ख़्यालों तक को भूला ही दिया उसने।

वहीं आए दिन विपुल कोशिशें करता रहता यह जानने की
कि कैसी होगी मेरी ज़ीनत, कहाँ होगी और क्या वह भी
मुझे ऐसे ही याद करती होगी, जैसे कि मैं उसे?
आखिर हम फिर कब मिलेंगे?
इन ख़्यालों के ऊपर विपुल घंटो बर्बाद किया करता था।
अपनी पुरानी यादों को हर पल याद किया करता था।

ज़ीनत को अपना बनाने की खातिर ,
खुदा से घंटो फ़रियाद किया करता था।
और खैर ज़ीनत तो उलझ गई नई ज़िन्दगी में कहीं और,
वहाँ विपुल ज़ीनत के लिए
खुद से ही जिहाद किया करता था
पर हर बार तमाम कोशिशों के बावज़ूद विपुल को
असफलता ही हाथ लगती रही।
मैंने सुना है लोगों को यह कहते कि
" कोशिश करने वालों की हार नहीं होती,
पर अगर बेवफ़ा किसी का प्यार होता है।
तो फिर कोशिश करने वालों की भी हार होती है। "

उन लाख कोशिशों के बाद भी बात न होने पर
इस क़दर तरस जाता था वो।
जो खो देता था मौका-ए-तज्दीद-ए-मुलाक़ात की
तो ख़ुद पर ही बरस जाता था वो।
पर फिर भी हर दफ़ा ज़ीनत को
तह-ए-दिल से दुआएँ दी उसने।
दिली-ख़्वाहिश रहती थी उसे देखने की
और ख़्वाबों में उसे प्यार किया करता था।
उसे सुकून था महज़ दीदार-ए-इश्क़ के हो जाने का,
और वह अपने प्यार का हर घड़ी इंतज़ार किया करता था।

पर ज़ीनत ओझा तो जैसे
कोई मतलब ही न रहा हो विपुल से,
उसे तो कोई फ़र्क़ ना पड़ता विपुल के हाल का,
यादें तो फिर नहीं कभी आती तक न थी।

खैर यह तो होना ही था।
परन्तु अज़ीयत ऐसी थी कि
बिखर कर हल पल विपुल ज़ीनत की तस्वीर
मन मंदिर में सजा कर उसे निहारता रहता था।
ज़ुबान तो ख़ामोश कर लिया था हार कर क़िस्मत से,
पर दिल उसका हर क्षण ज़ीनत को पुकारता रहता था।

तीन साल ऐसे ही बीत गए।
आख़िरकार 3 साल बाद ज़ीनत का घर आना हुआ।
दशहरे की छुट्टी में जब ज़ीनत घर आयी तो अचानक एक
मोड़ पर ज़ीनत-विपुल टकरा गए,
यह विपुल के लिए जैसे एक सपने जैसा था।
वह तरसते रहा ख़ुदा के खातिर ख़ुद में कहीं,
उस दिन ज़ीनत की एक झलक क्या पाई,
समझो उस दिन उसकी ख़ुदा से मुलाकात मुकम्मल हुई।
दिल में प्रेम तरंगे उमड़ने लगी,
खुशी से झूमते विपुल ने बिना देर किए,
झट से ज़ीनत के पास जाकर,
उसके मखमल जैसे हाथों को
अपने हाथों में रख कर कहता है-

कैसी हो ज़ीनत, कहाँ थी अब तक तुम?
मैंने तुम्हें कहाँ-कहाँ नहीं ढूँढा,
किस वस्तु में मैंने तुम्हारे रूप की कल्पना न कर
उसे निहारते हुए ज़िन्दगी गुज़री!
क्या तुम्हें मेरी ज़रा भी याद न आई?
मैंने तुम्हारी राह तकते-तकते 3 साल कैसे गुज़ारा,

किस विषाद को झेल मैंने यह मुश्किल वक़्त गुज़ारा है,
तुम इसकी कल्पना तक नहीं कर सकती।
" नहीं करनी यार मुझे किसी भी चीज़ की कल्पना
और आख़िर मैं करूँ भी क्यों!
मेरा रास्ता छोड़ो विपुल, मुझे जाने दो।
मुझे घर वापसी में देर हो रही हैं"

अटपटे तरीके से ज़ीनत के इस जवाब को सुनने के बाद
तो जैसे विपुल को कुछ समझ में नहीं आ रहा था।
उसने ज़ाहिर तो नहीं होने दिया
तब ख़ुद के दर्द को टूट जाने के बाद,
वरना किसी के सामने दर्द को व्यक्त करना
कौन-सी बड़ी बात थी।
आँखों से आँसू निकले तो समझा दो पल का दुःख,
नहीं पता था कि यह दुःख उसके भीतर से इस क़दर
निकलेगी कि अंदर आहट भी नहीं होगी।
उसका मन जैसे सो-सा गया।
हाँ दुःख कब कैसे, किस रास्ते आ सकता है,
किसी को इसकी भनक तक नहीं लगती।

" मैं ठीक भी हूँ या नहीं ये मुझे नहीं पता,
यह तुमको देखने के बाद मेरे चेहरे की मुस्कान,
सच है या कोई फ़रेब ?
मेरे कान तरस गए हैं तुम्हारी मधुर बोली सुनने को,
मेरे हर मर्ज़ को मरहम चाहिए तुम्हारे नाम का,
ज़ीनत तुम मुझसे बात करो, तुम मुझसे बात करो,
तुम मुझसे बात करो ज़ीनत"

विपुल की ऐसी तमाम कोशिशों के बाद
ज़ीनत उससे बात करने को राज़ी तो हुई,
परंतु समय दिया 2 दिन बाद का।
स्वीकार है ज़ीनत, बताओ मुझे कहाँ आना होगा ?
ज़ीनत- आ जाना हमारे पुराने स्कूल
के पास वाले पार्क में साँझ को।

दिन तो इंतज़ार में गुज़र जाते थे,
लेकिन रातों की खामोशीयों में ज़ीनत की यादों की
खूबसूरत महक विपुल के मन को भौंरा कर जाती थी।
कुछ चीजें उसे सिर्फ़ उसके नाम से याद थीं,
वह जब भी उन्हें सुनता था, देखता था या याद करता था,
उसकी तस्वीर उसके आँखों के सामने आ जाती थी।
जैसे कि उसका पसंदीदा गीत,
जैसे वहीं जगह जहाँ अक्सर
वे संग बैठ घंटो बात किया करते थे,
जैसे उसकी बातें, जैसे कि शब्द "प्रेम"
दो दिन बाद जो विपुल के लिए किसी 2 वर्ष से कम न
थे, उस रोज़ उसने सोचा काश वह वक़्त को रोक सकता।
पर उस दिन तो वक़्त और तेज़ी से भागने लगा।
आसमान, डूबता सूरज और सूरज को ढके बादल,
सब जैसे साज़िश में लगे हुए थे कि
दिन जल्दी से ढल जाये और रात हो जाए।

वो जब घर से उस जगह जाने के लिए निकल रहा था
जहाँ ज़ीनत उससे मिलने को राज़ी हुई थी, उसने अपनी
कलाई पर घड़ी बाँधी और बार-बार उस घड़ी को देखने

लगा। पर उस घड़ी के तो कांटे आगे बढ़ ही नहीं रहे थे। उसने कलाई से घड़ी निकल कर जेब में रख ली पर फिर वापस बड़े प्रेम से उस घड़ी को अपने कलाई से स्पर्श कराया क्योंकि वह घड़ी उसे तब ज़ीनत ने दी थी जब वो अक्सर विद्यालय समय से नहीं पहुँच पता था कि आइंदा कही वह स्कूल को कभी देर न हो जाए और वही घड़ी को देखता विपुल साँझ को ज़ीनत का इंतज़ार करता रहा। अकेले शांत बैठा विपुल जैसे ख़ुद से ही बातें करने लगा था। आँख बंद कर उसकी मौजूदगी को एहसास करते रहा अपने साथ,क्योंकि उससे मिलने तब कोई दूजा रास्ता भी ना था। वहाँ शोर और कोलाहल के बीच भी जैसे सब कुछ काफ़ी ख़ामोश था। विपुल के मन पर उन खामोशियों का ऐसा पर्दा पड़ा कि उस वक़्त लाखों करोड़ों आवाजों के भी जैसे कोई मतलब न बचा हो।

ये अल्फ़ाज़ शायद ज़ीनत के लिए
विपुल स्वयं बुदबुदाता रहा-
यहाँ की हर शाम में मुझे तुम नज़र आती हो।
जब वह खाली सड़क पर चलती हवाएँ
मेरे बिगड़े केश टटोल रही होती हैं,
मुझे लगता है जैसे अचानक तुम आकर
मेरे बिखरे बाल सँवार जाती हो,
हाँ मानो जैसे सप्रेम तुम प्यार का जाम
मेरे दिल में ढार जाती हो।
जानती हो, मुझे हर पल तुम्हारा ख़्याल रहता है,
मन में यही सवाल रहता है कि
मैं कैसे तुम्हें वापस बुला लूँ इस जीवन पथ पर,

जहाँ मैं तुम बिन अधूरा पा रहा हूँ ख़ुद को।

मैं जब भी हिचकियाँ लेता हूँ,
ग़लतफ़हमियाँ जैसे मुझे घेर लेती हैं कि
कहीं तुम मुझे याद तो नहीं कर रही!
फिर मजबूरन मैं अपनी उम्मीदों को एक संदूक में
बंद कर देता हूँ तुम्हारे ख़ातिर,
क्योंकि इन बेज़र बेख़याली उम्मीदों को
तुमसे बहुत सारे सवाल करने हैं
जिनके जवाब शायद तुम नहीं दे सको
और मैं नहीं चाहता तुम ख़ामोश रहो।
कभी-कभी तो जैसे लगता है मुझे कि
मैं तुम्हें कुछ न दे सका,
तब अचानक दिमाग़ सवाल करता है मुझसे
कि बता फिर तेरा दिल कहाँ है?
मैंने सच में तुम्हें कुछ नहीं दिया है प्रेम के सिवा,
वो प्रेम जिसके बलबूते पर मैं सारा जहाँ जीत सकता था,
जीतने को जहाँ तो अब भी है,
पर तुम नहीं हो और एक तुम्हारे न होने से
मेरी हर जीत अधूरी है,
तुम्हारे बिना मेरे जीवन का हर पल अधूरा है।
और एक तुम्हारे न होने से
क्या कहूँ अब कि मैं कितना बेरंग हो गया हूँ,
खो कर ख़ुद की ज़िन्दगी, ख़ुद ही मैं बेढंग हो गया हूँ।
सोचो तुम नज़र नहीं आती हो,
पर तुम्हारा इंतज़ार कितना है।
अब तो ख़ुदा ही जाने, मुझे तुमसे प्यार कितना है।

समय बीतता जा रहा था।
सूरज डूबने को महज़ कुछ पल ही बचे थे।
शायद अब नहीं आएगी ज़ीनत,
विपुल को ऐसे ख़्याल आने लगे।
अब काश ऐसा न हो अँधेरा हो जाए शाम से पहले,
कहीं हार न जाए क़दम वहाँ मक़ाम से पहले।
हकीकत है मुलाकात की ख़ुमार थी बरक़रार,
उधर विपुल के पैर काँप रहे थे दौर-ए-जाम से पहले।
काश ज़ीनत पास आ कर करती मुआयना दिल का उसके,
काश वह मुँह न मोड़ती उस मुलाकात वाले शाम से पहले।
दिल में प्यार का चराग़-ए-उम्मीद लेकर
इंतजार में था विपुल ज़ीनत के,
वह दुआ करता रहा कि
काश जुड़ जाए कभी उसका नाम उसके नाम से पहले।

विपुल निराश होकर वहाँ से जाने को सोच रहा ही था कि
एक क़दम विपुल की ओर बढ़े आ रहे थे।
हाँ, वह ज़ीनत ही थी।
जिसने आते वक़्त ही बिना वक़्त ज़ाया किए पूछा;
"बोलो तुम्हें मुझसे क्या बात करनी है" ?
लफ्ज़ हज़ारो है कहने को पर वक़्त कहा है पास तुम्हारे।
दिन-महीने बीते, साल हुए पर मेरे शब्द रहे ख़ामोश बेचारे।
पता नहीं विपुल ललायित था या यूँ ही लेकिन उसने
अचानक एक बात पूछ डाली,
"हम लोग शादी कब कर रहे हैं ज़ीनत" ?
यह सवाल कहाँ तक जायज़ था इसका कोई हिसाब नहीं,

परंतु मैं इतना ज़रूर कहूँगा कि सोच समझ कर तो
व्यापार में वस्तुओं के दाम मोलाए जाते हैं।
वो अंतरात्मा का सवाल था जिसे विपुल ने बिना सोचे
समझे ज़ीनत के सामने रख दिया
और परिणाम स्वरूप हुआ कुछ यूँ कि,
बस इतना सुनते ही, ज़ीनत उखड़ गई,
जैसे मौसम, ज़ीनत तुरंत बिगड़ गई।

कहीं तुम पागल तो नहीं हो गए हो ?
मैं तुमसे शादी करुँगी ?
पहले तो तुम अपना कद देखो और फिर अपना चेहरा।
चलो एक पल के लिए मान भी किया कि
यह सब तो फिर भी ठीक-ठाक है।
लेकिन तुम करते क्या हो?
मेरा मतलब, कितने पैसा कमा लेते हो?
हैसियत क्या है तुम्हारी?
देखो वह दौर बचपन का था
और जो कुछ भी हुआ वह सब बचपना।
परंतु अब मुझे मेरा जीवनसाथी चाहिए,
हमराह चाहिए जिसके साथ चलने में मुझे शर्म न आए।
देखो, समझा करो अब तुम मुझे भूल जाओ,
भूल जाओ कि कोई ज़ीनत थी तुम्हारी ज़िंदगी में"
ज़ीनत के इन शब्दों से दुखों का हिसाब ना था कोई।

सवाल तो बहुत थे,
पर विपुल के पास जवाब ना था कोई।
इसके पहले विपुल कुछ बोलता,

ज़ीनत हाथ झटक कर उठी और चली गई।

खैर जो बात ना समझ सकी,
वो ज़ज़्बात क्या समझती!
जो ख़ुशी के दिन ना समझ सकी,
वो ग़म भरी रात क्या समझती!

काफ़ी समय एक दर पर बैठे विपुल अपनी परछाई को
देखता रहा, सोचता रहा कि,
न जाने कौन-सा वह पल था, जब तुझसे मिला था मैं !
उसी पल से तेरा हुआ, कहाँ अपना रहा था मैं।
लगा मुझको कि तुझमें कुछ तो ऐसा है जो मुझसा है,
इसी एहसास के ख़ातिर, सनम तुझसे जुड़ा था मैं।
अब काश गिरूँ और फिर सम्भाल जाऊँ मैं,
ख़ुद के ही नज़रों से ख़ुद उतर जाऊँ मैं।
करना कुछ ऐसा है,
तू बिखरे भी ना और रहे सही सलामत,
मैं टूट भी जाऊँ और टूट के बिखर जाऊँ मैं।

पर इन सब बातों को सोचने का महत्व ना के बराबर था
जैसे कि किसी राजा के घर रंक का।
एक दर पर बैठे काफ़ी रात होने के बाद,
विपुल मायूस होकर उठा और चल दिया घर को अपने,
मानो जैसे पत्थर रख लिया हो विपुल ने दिल पर अपने।

दूरियाँ, उसे बहुत रुला रही थीं।
अमिट यादें उसकी, हर पाल ज़हन में आ रही थी

और उस बेचारे के दिल को हमेशा बेवज़ह रुला रही थी।
जैसे पागल था दिल उसका,
उसे समझ कुछ ना आता था।
ज़ीनत के हिस्से का सारा वक़्त,
हमेशा सूना-सूना ही जाता था।

पर ज़ीनत को क्या फ़र्क पड़ना था?
वह तो निशांत के प्यार में मानो जैसे पागल हो गयी थी।
उसके लिए तो मानो मर गया था विपुल।
पर सच्चाई तो ये थी कि,
उसके लिए सारे हदों से गुज़र गया था विपुल।

ज़ीनत की पढ़ाई पूरी होने को थी।
इन सालों हमेशा विपुल सोचता रहा,
काश होती वह करीब मेरे, उसे सीने से लगा सकता।
काश मैं उसके चाँद से चेहरे को चाँदनी से सजा सकता।
पर ताउम्र जो ना उतर सके वह चाँदनी कहाँ से लाता मैं !
उसके चेहरे को स्पर्श करने की तक़दीर कहाँ से लाता मैं !

उधर ज़ीनत और निशांत की स्नातक की पढ़ाई भी संपन्न
हुई। ज़ीनत ने निशांत से शादी की बात की।
दोनों में प्यार तो था ही निशांत राज़ी तो हो गया पर,
उसने ख़ुद को जो एक अमीर व्यक्तित्व में पेश किया था
वैसा असलियत में कुछ ना था।
वास्तविकता तो यह था कि
उसके पिता एक साधारण कपड़े की दुकान चलाते थे
और सपरिवार एक छोटे से मक़ान में रहते थे।

ऐसी विपरीत परिस्तिथि उत्पन्न हुई कि
ज़ीनत एक अच्छे घर की लड़की थी
तो उसकी शादी एक साधारण परिवार में कैसे सम्भव थी
जिनके पास रहने को एक अच्छा घर भी ना हो!
पर निशांत ने ज़ीनत व उसके घर वालों को यह विश्वास
दिलाया कि वह अतिशीघ्र ही कोई नौकरी पा जाएगा
और सब कुछ सही हो जाएगा और
तब परिस्तिथियाँ ज़रूर अनुकूल होंगी।
ज़ीनत के ज़िद के सामने उसके परिवार की एक न चली
अंततः ज़ीनत के ज़िद की जीत हुई
और उसके परिवार वाले शादी की ख़ातिर मान गए।
काफ़ी खुश थी ज़ीनत अपने ज़िंदगी में।

इधर विपुल की स्थिति प्रतिदिन
बद से बदत्तर होती जा रही थी।
उसके दिमाग़ और दिल से ज़ीनत की बातें,
उसकी यादें जाने का नाम ही नहीं ले रही थी।
और तभी अचानक एक कॉल आती है ज़ीनत के फ़ोन पर-
सुनो ज़ीनत,
ज़ीनत कुछ बोलती उस से पहले
विपुल ने बोलना शुरू कर दिया-
मैंने अपने प्रेम में तुम्हारा सम्पूर्ण
समर्पण कभी नहीं चाहा।
मैंने कभी नहीं चाहा कि
तुम मेरे प्रेम की गिरफ़्त में क़ैद हो जाओ।
तुम्हारी स्वतंत्रता हमेशा मेरी पहली प्राथमिकता रही है।
तुम्हारा दर्द हमेशा मेरे चेहरे की

उदासी बनकर उभरता रहा है।
तुम्हारा ख़ुश होना
मुझे दुनियाँ में सबसे सुकून भरा एहसास देता है।
पर इन सब के बावजूद
तुम मेरे प्रेम को कभी नहीं समझ पाई।
शायद तुम हमेशा मुझे बिना समझे ही चली गई।
काश! तुम समझ सकती कि
मेरा अथाह प्रेम तुम्हारे लिए
कितना निश्छल और पवित्र है
जिस पर मैंने जीवन की सारी खुशियाँ कुर्बान कर दी हैं।
मैं जब भी कोई काम कर रहा होता हूँ,
तुम्हारा अंश झलक आता है उस में।
दिमाग़ लौट जाता है पुराने ख़्यालों में,
अतीत के उन सुनहरे पलों में,
जहाँ तुम्हें देखना ही मेरे लिए सुकून था,
और तुम्हें पढ़ना ही मेरे ख़ुद की पढ़ाई।
फिर मैं थाम आँसुओं को हाथ में अपने,
बटोर लाता हूँ हर उन लम्हों को,
जिन्होंने मुझे आज यहाँ पहुँचा दिया।
अब मैं चाहता हूँ,
ला खड़ा करूँ तुम्हें सरेआम चौराहे पर किसी,
और करूँ ऐलान कि
धर्म की ओट में छुपी मेरी प्रेम कहानी आज़ाद कर दो।
मेरी आँखो से बिछड़े हुए हर एक आँसू रिहाई चाहतें हैं,
आज़ादी चाहते हैं हर उस प्रेम कहानी के लिए,
जो धर्म और बेवफ़ाई की आड़ में छुपकर कर रही हैं
आत्महत्या।

तुम अपना होश खो बैठे हो विपुल, तुम्हें किसी डॉक्टर के
पास जाना चाहिए। जाओ जाकर अपना इलाज़ कराओ।
तुम मेरी ज़िंदगी से दूर चले जाओ,
या कहते थे ना मैं बिछड़ूँगी तो मर जाओगे,
तो आख़िरकार मर ही क्यों नहीं जाते तुम?

इस पर विपुल कुछ कहता,
ज़ीनत ने झट से कॉल काट दिया।
विपुल रात-दिन अपने उस प्यार के बारे में सोचता रहता
था जिसे उसने बड़ी शिद्दत से किया था।
विचारों से घिरे मन में कई सवाल आते थे;
जहाँ बातें होती है,
वहाँ मोहब्बत हो सकती है।
लेकिन जहाँ प्यार है,
वहाँ बातें ज़रूरी हैं क्या?
महबूब से मुलाक़ात ज़रूरी है क्या?
विपुल ख़ुद को संतावना देता रहा। कहता रहा ख़ुद से
मिलेंगे फिर बिछड़ कर हम, यक़ीन कितना है,
है महज़ ख़याल मेरा यह, मगर देखो हसीन कितना है!

बीते दिन आख़िरकार निशांत की नौकरी
एक टेलीकॉम कंपनी में लग गयी।
निशांत ने यह खुशखबरी तुरंत ज़ीनत को सुनाई।
उसने कहा " अब हमारी शादी पक्की समझो।
मुझे नौकरी भी मिल गयी
और एक अच्छे घर के लिए लोन भी।

हाँ, सही सुना तुमने, चलो जल्दी से अपने पिता से हमारी
शादी की बात कर लो,
हम जितना जल्दी हो सके, शादी करेंगे।

वहीं दूसरी तरफ़ नौकरी तो विपुल की भी लग ही चुकी
थी। विपुल ने मेहनत करते हुए पहलेघर में माता-पिता की
स्थिति को सुधारा, तत्पश्चात उसने कठिन परिश्रम कर
एक 2 कमरे का घर भी बनवाया।

घर तो था परंतु विपुल के आसमान के
चाँद-तारें गिरवी पड़े थे झोली में ज़ीनत के।
उसकी आरज़ू, जुस्तुजू
और सारी तमनाएँ खाली रह गई।
वहाँ चाँदनी रात हुआ करती रही ज़िन्दगी में ज़ीनत के,
पर विपुल के हिस्से सिर्फ़ रात काली रह गई।
विपुल के ज़िन्दगी में गुमनाम अँधेरे धीरे-धीरे छाने लगे,
जैसे-जैसे ग़म अपनी रफ़्तार बढ़ाने लगे।
कह सकता तो कह देता वह सारे किस्से बेजुबानी।
सुन लेते तो सुन लेते सब बिन बोले ही उसकी कहानी।
पर वह जो फ़र्क़ था वहाँ वह दरअसल एक नज़रिया था।
जो लगता था सब को नाला वहाँ,
वो लगता विपुल को एक दरिया था।
काफ़ी मशक़्क़तों के बाद भी विपरीत परिशतिथियों से
अपनी लड़ाई हार गया विपुल।
ज़िन्दगी के उस ज़ंग में विपुल को शिकस्त हासिल हुई
और वह मानसिक अवसाद का शिकार हुआ,

मेहनत करना उसका विफल और बेकार हुआ।
तत्कालीन प्रभाव से तुरंत उसे
उसके नौकरी से भी बर्खास्त कर दिए गया।
इन सब से हताश होकर,
विपुल अपनी माँ को ख़त लिखता है-
अकेले इस भागते हुए शहर में कोई रुककर नहीं पूछता
क्या हाल है, उदास क्यों हो तुम ?
कोई नहीं पूछता कि तुमने आज खाना खाया कि नहीं?
कोई माथे पर हाथ नहीं फेरता, ना गले लगाता है।
यहाँ कोई नहीं कहता कि कितना कमज़ोर हो गया है तू।
किसी को आँसू तक नहीं दिखते माँ यहाँ,
कोइ आँसू पोंछेगा क्या ?
इस भागते हुए शहर में तुम्हारी बहुत याद आती है माँ।
जबरन खुश होकर वक़्त का लिहाज कर रहा हूँ,
क्या खोया, क्या पाया है हिसाब कर रहा हूँ।
इस क़दर वक़्त को वक़्त के खिलाफ कर रहा हूँ,
मैं तुमसे दूर हूँ माँ और तुम्हें ही हर पल याद कर रहा हूँ।

वो परायों का शहर, गैरों की बस्ती,
वो अनजान-सी राहें जहाँ हर पल पागलों की तरह विपुल
ढूँढता रहा ज़ीनत को,
सोचता रहता कि काश वह होती पास उसके,
महसूस उसकी खामोशियों को करती,
बातें आँखों से पढ़ लेती, आकर उसके पास बैठती
और चुपके से कहती,
"सुनो, तुम चिंता ना करो, मैं हूँ ना"

सुनो ज़ीनत, 2 दिसम्बर को हम शादी कर रहे हैं।
निशांत के मुख से निकले यह सुनहरे शब्द ज़ीनत के
कानों में पड़ते ही मानो जैसे ज़ीनत ख़ुशी से उछल पड़ी।
वह शुभ घड़ी भी आ गई और
निशांत-ज़ीनत की शादी हर्षोल्लास से संपन्न हुई।
धूमधाम से शादी के बाद दांपत्य जीवन में दोनों
काफी ख़ुशी से रहने लगे।

पर तब भी विपुल
चुपके से मन के ख़्वाबों में निहार रहा था उसे,
दिल के मन मंदिर में सदैव संवार रहा था उसे।
भले ही ज़ीनत बेक़दरा उसकी क़दर नहीं करती,
पर खुदा से हर लफ्ज़,
हर दुआ में विपुल माँग रहा था उसे।
वो जिस तरफ़ भी देखता, दिखता उसी का नज़र था।
ना जाने कोई मर्ज़ था यह, या उससे इश्क़ का असर था।
रहता गमगीन उसका दिल ज़ीनत की यादों में,
उसी की यादों में डूबा रहता वह आठों पहर था।
शायद अगर वह मिलती उसे
तो मिलता उसे अमृत्व जहाँ में,
बगैर उसके तो शायद सारा जहाँ लगता उसे ज़हर था।

कुछ दिन सब सही चल रहा था, पर कहते है न कि
खुशियाँ तो नसीब हैं आपकी होकर भी, खो जाएँगी।
ख्वाहिशें आज आपके करीब हैं,
कल किसी और के हिस्से में सो जाएँगी।

हमारी आँसुओं की यही तो तक़्क़दीर हैं,
बस आँखों से बिछड़ कर रो जाएँगी।
निशांत उस दिन घर समय से पहले आ जाता है।
मेरे सर में अहसहनीय पीड़ा हो रही है ज़ीनत,
तुम अपने हाथों से मेरे माथे को ज़रा सहला दो।
ज़ीनत-क्या बात हो गई?
निशांत- कुछ नहीं।
ज़ीनत- तुम मुझसे क्या छुपा रहे हो निशांत,
क्या बात है मुझे बताओ?
निशांत के मुख से जैसे शब्द निकल ही नहीं रहे थे।
ज़ीनत- तुम्हारे माथे की सिकम किस तनाव की निशानी
है, क्या मुझे यह जानने का हक़ नहीं?
निशांत- मैं तुम्हें कैसे समझाऊँ कि
हम बहुत बड़ी परेशानी में फंस चुके है।
मैंने तुमसे बेपनाह प्यार किया है,
मगर एक बात छुपाई भी है।
हमारी छोटकी किसी सामान्य रोग से नहीं, हृदय सम्बंधित
एक भीषण रोज़ से ग्रषित, जीवन से लड़ाई लड़ रही है
जिसके उपचार के लिए अब काफ़ी मोटे रक़म की अति
आवश्यकता है। विवशता की इस पीड़ाकार वक़्त में तुम्हारी
साथ की अति आवश्यकता है। माफ़ करना मैंने तुमसे
इतनी बड़ी बात छुपाई। सच कहूँ तो यह राज़ छुपाना
हमारे प्यार के ख़ातिर लाज़िमी भी था। मैं किस मुँह से
यह बात तुम्हारे परिवार वालों के सामने बताता कि मेरी
बहन जो लगभग 4-5 वर्ष से अस्पताल में हृदय रोग से
जीवन-मरण के लिए जूझ रही है और जिसके उपचार हेतु
हम उसका ख़र्च तक नहीं जुटा पा रहे। मैं किस मुँह से

कहता कि मेरे बाबा की सारी कमाई उसी के इलाज़ में
ख़र्च हो जाती है। लेकिन आज यह बात तुमसे साझा
करना ही पड़ रहा है क्योंकि अब तो ऐसी विकट स्थिति
उत्पन्न हो आई है कि मेरे और बाबा की सारी कमाई के
ख़र्च हो जाने के बावजूद भी इलाज़ के लिए पैसे कम पड़
गए है।

ज़ीनत- आगे का क्या सोच रखा है?

हमें क्या करना होगा?

निशांत- मुझे तो कोई राह नज़र नहीं आ रहा,

हमारे पास अब कुछ नहीं बचा है।

बस हमारा यह घर हमारा अंतिम आश्रा है।

ज़ीनत- तो क्या करना है, क्या सोच रखा है ?

तुम जहाँ रहोगे मैं वहाँ तुम्हारे साथ रह लूँगी।

तुम अपनी बहन के ख़ातिर बेशक इस घर को गिरवी रख,

उसका इलाज़ कराओ।

हुआ भी कुछ ऐसा ही,

ना चाहते हुए भी निशांत को अपना घर,

अपनी छत बेचनी पड़ी।

संकट की इस घड़ी से उभर ही रही होती है ज़ीनत कि
अचानक घंटी बजती है उसके कॉल की।

इस बार कॉल पर नम्बर तो विपुल का था जिसे उसने
देखते ही नजर अंदाज कर दिया पर घंटी दुबारा बजी।

तब फिर ज़ीनत ने फ़ोन उठाई, पर आवाज़ अनजान सुनने
के बाद ज़ीनत सोच में पड़ गयी।

ज़ीनत- कौन?

मैं विपुल का दोस्त, तुम ज़ीनत बोल रही हो न?

ज़ीनत- कौन हो तुम और तुमने मुझे क्यों फ़ोन किया?
बोलो क्या बात है?
ज़ीनत के इस सवाल पर धूमिल आवाज़ में
घबराते हुए एक शक्स ने कहा-
मैं इस वक़्त कुछ ज़्यादा नहीं बता सकता बस इतना
कहूँगा कि तुम जल्दी से जिला अस्पताल आ जाओ।
जिस विपुल के इस हालत की एकमात्र ज़िम्मेदार तुम हो,
वह विपुल अभी अपने ज़िंदगी से जंग लड़ रहा है।
मैंने बेहोशी की हालत में भी उसके मुँह से सिर्फ़ जो एक
नाम सुना, वह नाम तुम्हारा था।
मैंने जैसे-तैसे उसको उसके घर से अस्पताल लाया है।
स्तिथि काफ़ी नाज़ुक है,
उसके माँ बाबा को आने में शायद समय लगे।
उसके फ़ोन में दो ही नम्बर है,
एक उसके बाबा का और दूसरा नम्बर तुम्हारा
जिस से यह साफ प्रतीत होता है कि
तुम उसके लिए उतना ही अहमियत रखती हो
जितना कि चकोर के लिए चाँद।
वो इस स्थिति में भी जब कभी होश में आता है तो
तुम्हारा ही नाम लेता है।
उसे किसी अपने या
उसे अभी इस वक़्त तुम्हारी बेहद ज़रूरत है।
तुम अगर आ सको तो आ जाओ।

थम-सा गया था मानो मंज़र वहाँ।
ज़ीनत ने ज़रा भी देर ना करते हुए

अपने पति को अपने साथ अस्पताल चलने को कहा।
बिना समय ज़ाया किए
जब वह वहाँ पहुँची तो क्या देखती है;

माँ उसकी वहाँ आ चुकी थी,
अपने लाड़ले बेटे को आग़ोश में अपने सुला चुकी थी।
धीमें आवाज़ में विपुल अपनी माँ से कह रहा था-
माँ, बहुत तकलीफ़ में हूँ मैं
बस तेरे सामने रोया नहीं करता,
पर आज खुल के रोना चाहता हूँ मैं।
फिर से सुला दे गोद में अपनी लोरी सुना कर,
एक अरसे से सोया नहीं हूँ, एक अरसा सोना चाहता हूँ मैं।
माँ जब भी तुझे याद करता हूँ,
जहाँ के दिए हर ज़ख़्म भूल जाता हूँ।
बहुत-सी बातें हैं ऐसी
जो दिल में मेरी रहतीं हैं,
मगर जब भी तुझ से मिलता हूँ
तो सुनाना भूल जाता हूँ।
तुझसे दूर रहने के बाद,
हर एक पल बड़ी मुश्किल से गुज़रा है माँ,
अक्सर तुझे ख़्वाबों में यह बताना भूल जाता हूँ।
माँ मैं सोचता हूँ हर शामों में,
अपने सारे ग़मों को ख़ुद से दूर करूँ,
पर ज्यों सुबह होती है,
कम्बख़्त हर एक इरादा भूल जाता हूँ।
माँ, बहुत तकलीफ़ में हूँ मैं
बस तेरे सामने रोया नहीं करता,

पर आज खुल के रोना चाहता हूँ मैं।
फिर से सुला दे गोद में अपनी लोरी सुना कर,
एक अरसे से सोया नहीं हूँ, एक अरसा सोना चाहता हूँ मैं।

डॉक्टर से पूछे जाने पर ज़ीनत को जवाब मिला कि
विपुल को "हेल्मर्स मायोपैथी" नामक बीमारी है जो उसे
पिछले 3-4 साल से भीतर ही भीतर खाए जा रही है।
उनका अब अंतिम समय चल रहा है,
मिलना चाहें तो आप जाकर उनसे मिल लें।
डॉक्टर के इस बात पर ज़ीनत झट से विपुल के पास
जाती है और पूछने लगती है-
तुमने यह क्या हाल बना रखा है अपना?
तुमने कभी बताया क्यों नहीं कि
तुम्हें ऐसी आसाध्य बीमारी है?
ज़ीनत के इस सवाल पर गहरी खामोशियों के बाद
धूमिल स्वर में विपुल कहता है-
अपना कहकर तुमने कहाँ मुझे अपनाया है।
हमारे रिश्ते को
खुदगर्ज़ी का असरदार थप्पड़ तुमने ही लगाया है।
अब जब मर रहा हूँ तो
मेरे बदलते मिज़ाज से क्यों इतनी हैरानी है!
मर जाओ, मर जाओ कह कर
मरना मेरा तुमने ही तो तय कराया है।
"तुम खुश हो, खुश रहो, क्यों तुम्हें सताऊँ मैं?
मगरूर हो तुम, हो बेख़बर हमारे हाल से,
गम अपने बताकर आख़िर क्यों तुम्हें रुलाऊँ मैं?
पूछती हो तो कह देता हूँ मुस्कुरा कर,

जब बिछड़ना ही था, फिर क्यों तुम्हारा दिल दुखाऊँ मैं?
है ज़ख्म मेरे, मेरे है गम, मेरी ही है बेबसी,
और मेरे ही हर दर्द है, इलज़ाम तुमपर क्यों लगाऊँ मैं?
है सच में अधूरी बिन ज़ीनत के ज़िंदगी मेरी
पर इस सच को बा-सालीके,
मेरे एक झूठ से छुपाऊँ मैं।
दोतरफा हो तो इश्क़ है,
एकतरफा होकर भी कामिल है
सब लोगों को यह बातऊँ मैं।

ज़ीनत की मुट्ठी खोल एक पत्र के साथ कुछ देते हुए
विपुल ने कहा- अलविदा!
हाथों में विपुल के घर की चाभी थी
और पत्र में उसने लिखा था-

ज़ीनत, आज मैं तुम्हें आखरी पत्र लिख रहा हूँ। जब तुम मेरे इस पत्र को पढ़ रही होगी तब तक मैं तुमसे बेहद दूर जा चूका होऊँगा, शायद तब तुम मेरी भावनाओं को समझ पाओगी। मेरी नियति तो पहले ही लिखी जा चुकी थी, मुझे माफ़ करना मैं नियति से लड़ न सका। मेरे तमाम कोशिशों के बाद भी मैं हारा पर मुझे मेरा खुदा बदलना मंजूर न था। मुझे गवारा ही नहीं था किसी गैर हाथों को अपनों हाथों से स्पर्श होने देना। ज़िंदा रहते मैंने अपनी ज़िद के सामने हार कतई न मानी। क्या तुम मेरे दर्द समझ सकती हो ? नहीं ! शायद कभी नहीं !
पर फिर भी एक उम्मीद लगाए जा रहा हूँ कि
तुम बस मुझे भूलना मत ज़ीनत।

कल रात मैंने फिर तुम्हें अपने ख़्वाब में देखा। तुम फिर मेरे उतनी ही करीब थी जितनी पहले पर फिर जब आँख खुली तो आधी रात से सुबह तक मैं तुम्हारे ख़्यालों में उलझा रहा। वह मेरे टूटे ख़्वाब, बिखरे मोती मेरी आँखों में चुभते रहे और वह लफ्ज़ जो मैंने तुमसे कहा था वह मुझे झंकझोर गए। मुझे यह एहसास हर वक़्त सुकून ही देता रहा कि तुमसे दूर होकर भी मैं तुमसे बेहद याद करता हूँ, तुमसे दूर होकर भी मैं तुम्हें उतना ही प्यार करता हूँ जितना कभी तुम्हारे पास होकर किया करता था। आज मैं जुदा होते वक़्त भी खुला रखना चाहता हूँ मुलाकातों का एक दरवाज़ा ताकि जब तुम मेरे अथाह प्रेम को समझ जाओ तो बढ़ा सको अपने क़दम मेरे तरफ मेरे ख़्वाबों में, क्योंकि एक दफ़ा तुमने मुझसे कहा कि तुम मेरी कर्ज़दार हो तो मैं वह क़र्ज़ तुमपर उधार छोड़े जा रहा हूँ कि कहीं ख़्वाबों में जो अगर मिलना कभी तो,

छोड़ झिझक, नफ़रत, शर्म, गुस्सा,
बस एक दफा नाज़ से काम ले लेना तुम।
तुम किन्तु, परन्तु, मगर नहीं,
बस एक बार मेरा नाम ले लेना तुम
या तो तब भी मुझे तुम सप्रेम अपनी हाथों से ज़हर देना
या फिर मुझे प्यार भरा एक जाम दे देना,
या बस एक बार मेरा नाम ले लेना तुम
और कह देना कि तुम्हें भी मुझसे प्यार था।

मैंने लोगों को कहते सुना है कि जब इंसान मरता है तो उसी पूरी ज़िन्दगी उसकी आँखों के सामने घूम रही होती

है। मुझे भी याद आ रही हो तुम मेरी आखरी समय में। तुम्हारे साथ जो मैंने वक़्त बिताया, वह मेरी ज़िन्दगी का सबसे खुशनुमा और खूबसूरत समय था जिसके बाद फिर मैंने कभी खूबसूरत जीना चाहा ही नहीं।

लोग कहते है कि अगर प्यार करते हो तो निभाओ चाहे घर वालों के खिलाफ ही क्यों न जाना पड़े। अब तुम ही बताना क्या मैंने सिर्फ़ अपनी ही ख़ुशी के लिए अपने घरवालों को अकेला रोते हुए नहीं छोड़ दिया? मेरे माँ बाबा ने मुझे खुश रखने का हर संभव प्रयास किया जिसके लिए मैं उनका क़र्ज़ इस जन्म में ना चूका सका। मैंने अपनी यह ज़िन्दगी तुमपर कुर्बान कर दी तो क्या ऐसा कर के मैंने मेरी माँ बाप की हर एक ख़ुशी को दाँव पर न लगा दिया? क्या मैंने तुमसे सच्चा प्यार नहीं किया?
तुम्हीं सोचना।

पिछले कुछ सालों में क्या कुछ नहीं देखा
मैंने अपने इस ज़िन्दगी में?
माँ को मुझे परेशान देख मेरे लिए रोते देखा।
मुझे पागलो-सा तुम्हारा नाम जपते देख
बाबा को मैंने मेरे भविष्य में खोते देखा।
अचानक सारे करीबी दोस्तों को एकदम से बदलते देखा।
मैंने ख़ुद को हर पल तिल-तिल मरते देखा।

मेरा अब सबसे दूर जाना
मेरी आँखों को पत्थर करने की आखरी कोशिश है।
मैं अब इतना शांत हो जाना चाहता हूँ कि कोई मुझे ज़िंदा

भी जला दे तो भी ज़ुबान खोलने का मन न करे।

मैंने हमेशा तुमको ख़ुद से आगे चाहा है
तो आख़िर तुम बिन कैसे होता गुजरा अपना ?
तुम बीच राह से चली गयी लौट कर
और मैं खोजता रहा सहारा अपना।

पर फिर भी इन सबके बावजूद,
मैं चाहता हूँ, तुम मेरे बनाएँ घर में रहो,
मेरा विश्वास है
मेरे बनाएँ घर में रहकर तुम बहुत खुश रहोगी।
तुम सोचना अगर मेरे दिल में रहती, तो क्या मंज़र होता?

जाते जाते तुम्हारी सारी निशानियाँ,
कहानियाँ यहीं छोड़े जा रहा हूँ,
तुम्हारा गुस्सा, तुम्हारा ज़िद्द, तुम्हारी मुझसे शिकायतें
और मेरा अथाह प्रेम भी।
बस एक उम्मीद ले कर विदा ले रहा हूँ कि
काशा अगर किसी और जन्म हम मिलें
तो फिर यही बात दोहरा सकूँ और
तुम्हारे हाथों को अपनी हाथों में रख कर कह सकूँ कि

"मैं तुमसे बेहद प्यार करता हूँ"
और यक़ीनन तुम्हें अलविदा कहने के बाद
तुम भी मेरे सर पर हाथ रखकर कहती कि
तुम्हें भी मुझसे बहुत प्रेम है
और काश मैं उस प्यार को महसूस कर लेता,

क्योंकि प्यार का एहसास
प्यार से ज़्यादा खूबसूरत होता है।
प्यार का एहसास प्यार से ज़्यादा खूबसूरत होता है

तुम अपना आजीवन ख़्याल रखना।
मैं मर कर भी तुम्हें प्यार करता रहूँगा।
अलविदा!

इस बात पर अचानक एक विख्यात शायर
का संवाद याद आ गया मुझे,
लड़की-मेरी तो शादी हो गई है,
तुम तो सच्चा इश्क़ करते हो ना!
कैसे करते हो ज़रा कर के दिखाओ।
तुम कहते थे मैं बिछड़ूँगी तो मर जाओगे,
मरना आसान है क्या! मर के दिखाओ,
एक भोले-भाले सच्चे आशिक़,
उसका दिल टूट कर बिखर गया ना,
" विपुल ने ज़ीनत के नज़रों के सामने आँखें बंद कर ली।
लड़का था, मर गया ना !

खैर छोड़ो, किसी को अपनी दिल की गहराइयों से चाहने
वाले बड़े नसीब से मिलते हैं।
अगर ज़ीनत ने उससे ज़रा मात्र भी प्रेम किया होता
तो यह मंज़र कभी उसके आँखों के सामने न होता।
उसका विपुल को छोड़ जाने का फ़ैसला
उसे यहाँ तक पहुँचा देगा यह कब किसने सोची थी?
पर अंततः जब हाथ खली हो जाते हैं

और नज़रों के सामने कुछ दिखता नहीं,
तो अफ़सोस के सिवा कुछ नहीं बचता।
अफ़सोस के सिवा कुछ नहीं बचता।

काश ज़ीनत में अब इतनी हिम्मत होती कि
वो वपुल को पकड़ कर रो सकती।
उसकी आँखों से आँसू टपक रहे थे,
वहीं ज़मीन की ओर ताकती वह मौन खड़ी रही।
ज़िंदगी भर 2 मिनट उसके पास न बैठी,
अब पास बैठे वह रोए जा रही थी।
दो क़दम साथ चलने को राज़ी न थी,
पर आज इश्क़ पिरोए जा रही थी।
आज पता चला मौत होती है हसीं कितनी,
कम्बख़त वह बेकार ज़िंदगी जिए जा रही थी।

तो अब मैं अगर लिखूँ कि
जब हम बच्चे होते हैं तो बचपन में हमें सिखाया जाता है
कि सबसे प्रेम करो।
पर ज्यों थोड़े बड़े होकर हम किसी से प्यार करने लगते हैं,
तो समाज हमें इसकी इजाज़त नहीं देता। आखिर क्यों?
जिस प्रेम से ईश्वर तक तो पाया जा सकता है,
उस प्रेम को मनुष्य तक पहुँचने के लिए बाधा मान लिया
जाता है। आखिर क्यों?

मैं यह मानता हूँ कि
प्यार में सब कुछ पा लेने की ज़िद बहुत अच्छी बात है
लेकिन तब प्यार में सब कुछ खो देने का जूनून आखिर

क्या?

जो विपुल ने किया वह प्यार था, बचपना या फिर पागलपन? यह निर्णय मैं आप सभी पाठकों पर छोड़ता हूँ क्योंकि यक़ीनन सबके प्यार की परिभाषा सबके लिए अलग-अलग है परंतु मैंने देखा है प्यार में टूटे हुए लोग, मैं ख़ुद से भी बेहद रूबरू हूँ। प्यार में टूटते हैं फिर भी सब प्रेम में पड़ते हैं और टूट कर पड़ते हैं। लेकिन उन सभी के दरमियाँ मैंने यही देखा है कि

प्रेम कभी नहीं हारता, मैं और आप हार जाते हैं। क्योंकि हमने प्रेम को जीतने का रस्ता बना रखा है।

किसी इंसान को जीतने का, किसी के ज़िद को जीतने का, अपने मन को जीतने का।

हमने सब कुछ जीतने का रास्ता बना रखा है पर उन्हीं रास्तों पर चलते हुए हम ख़ुद से ही हार जाया करते हैं।

प्रेम बड़ा मायावी होता है। इस प्रेम की ठीक-ठाक तासीर कोई नहीं समझ सका आजतक क्योंकि प्रेम में कभी दुःख हो ही नहीं सकता, दुःख तो अधिकार जताने में होता है, जो प्रेम का शत्रु है।

प्रेम तो अजेय है, अमर है।

अगर हमारे पास प्रेम की कुछ स्मृतियाँ बची हैं तो एक सुकून भरा कमरा होना चाहिए हमारे हृदय में उन स्मृतियाँ की,

जहाँ प्रतिशोध, पछतावे या किसी भी नकारात्मक तत्वों की कोई जगह न हो,

अगर कुछ हो तो सिर्फ़ प्रेम, प्रेम और प्रेम!

अगर आपने कभी किसी से सच्चा प्रेम किया है
और वह प्रेम आपके साथ नहीं,
तो आप उन खूबसूरत स्मृतियों के कमरे में
चुपचाप कभी-कभी जाकर उन्हें निहार,
अपने आप को तृप्त करके आ सकते हैं,
यह आपका अधिकार है।
और प्रेम चाहे पूरा हो या अधूरा ही सही,
प्रेम आपकी ज़िम्मेदारी थी, है और होनी भी चाहिए।

अगर आप आकर्ष के इन शब्दों को
टूटे दिल के साथ पढ़ रहे है तो
वह आपसे ज़ोर से गले लगकर यह कहना चाहता है कि
मैं आपसे अत्यंत प्रेम करता है
और वह इसलिए कि
अधूरे प्रेम ने मुझे यह बात सिखाया कि
प्रेम करना प्रेम पाने से भी ज़्यादा सुखदायी है।
प्रेम में स्वयं को समर्पित करना
प्रेम प्राप्त करने से काफ़ी बड़ी चीज़ होती है।
एक दूसरे से ख़ूब प्रेम करें ,
निश्छल प्रेम की कद्र करें परंतु
प्रेम को कभी बंधन मत बनने दें। क्योंकि प्यार सिर्फ एक
एहसास है।इसे आत्मा के गहराईयों से समझने की कोशिश
करें और इसे अपनी आत्माओं के किनारों के बीच एक
बहते हुए शीतल नदी के सामान बहने दें।

2. मेरा प्रथम प्रयास

"सुनो द्रोपदी शस्त्र उठा लो,
अब गोविंद ना आएँगे
सुनो द्रौपदी शस्त्र उठालो
छोड़ो मेहँदी खड़ग संभालो
खुद ही आपन चीर बचालो
अब ना गोविंद आएँगे।
सुनो द्रौपदी शस्त्र उठा लो
वीरन के भाँती तीर चलालो
अपनी लाज तुम ख़ुद बचा लो
अब गोविंद ना आएँगे।
~ पुष्यमित्र उपाध्याय"

मैंने पुष्यमित्र उपाध्याय की पंक्तियों को देखकर कुछ
पंक्तियाँ लिखीं थी जब मैं आठवीं कक्षा में था ;-

जो औरों के मन में द्रोह भरा,
क्या तेरे लिए वह बाहर आएँगे !
स्वयं जो लज्जा हीन पड़े है
वे क्या लाज बचाएँगे !
अपनी बहन-बहन है सच्ची
पर नारी को सताएँगे।

सुनो द्रोपदी शस्त्र उठा लो,
अब गोविंद ना आएँगे ।
इस कलयुग के घोर घटा में
विदित सकल संसार हुआ
कि इस कलयुग के काल घटा में
निरंकुश ये समाज हुआ।
जो देवी पूँजी जाती थी,
उनपर पाप आपार हुआ
उनपर ही अत्याचार हुआ।

शत्रु नारी समाज के जो हैं,
काल कवलित हो जाएँगे।
जो कहते थे, हम तेरे हैं
वो कभी ना वापस आएँगे।
सुनो द्रौपदी शस्त्र उठा लो
वीरन के भाँती तीर चलालो,
अपनी लाज तुम ख़ुद बचा लो
अब गोविंद ना आएँगे।

आज हर गली चौराहे पर सब देवी खड़ी लाचार हैं
कहाँ गया वह सकल समाज जो कहते थे हम चौकीदार हैं?

3. मेरी कविता

तपते ज्येष्ठ में भीषण वर्षा है मेरी कविता।
अवनि की तपन समाप्ति की आहट है कविता।
ऋतुओं की तरह भावों में परिवर्तन के सापेक्ष है कविता।
पिघलते दिन में सतरंगी इंद्रधनुष है मेरी कविता।

इन कविताओं में है मात्र तुम्हारा एहसास,
तुम्हारी तरलता, तुम्हारा घनत्व।
तुम्हारे हर कतरे से प्रभावित है मेरी कविता।
मेरे प्रेम को प्रमाणित करती है मेरी कविता।
छलावा है बसंत की कोमल कलियों पर भौंरों का गुंजन,
तुम्हारी नीलकमल-सी छवि
स्वप्निल सत्य है मात्र तुम्हारी देह की बनावट।
मैंने देखा है तुम्हारा हिरण्य शृंगार,
वर्षा वन में विचरते मृग की आभा से भी
आलौकिक है तुम्हारी स्मृतियाँ।
हृदय के खंडहर में उगते
खरपतवार की भांति है तुम्हारा अक्स।
तुम्हारी कोमलता का प्रभाव
परिलक्षित है प्रकृति की परिधि पर।
तुम्हारे केशों से गिरती बूंदों से सम्मोहित हैं घने मेघ।
धरा ने आषाढ़ में अर्जित की अगाध हरियाली और
मैंने तुम्हारे प्रेम में समर्पित किया अपना सर्वस्व।

4. हमें सीखना होगा स्त्री सम्मान

देखा है मैने काबा - काशी
मैंने राम रहिम को देखा है।

उजड़डता होता बहनों के साथ
उनकी आँखो में आँसू को मैंने देखा है।

लज्जित हुआ स्व-नजरों में,
मैंने नारीवाद का खंडन देखा है।

राक्षस के हाथों से मैंने,
एक देवी को पीटते देखा है।

गलत नजरों से देखते भी हो,
और उसी पे हाथ उठाते हो।

लाठी चला कर एक बहन पर तुम
खुद को एक मर्द बताते हो।

स्त्री वो पागल नहीं है जो, तुम पर यूँ हाथ उठा देगी।
दुर्गा अगर बन गई न वो, फिर औकात सबको दिखा देगी।

की होगी तुम्हीं ने गलती,
और उसी पर डंडा चलाए हो।

जुर्म किया है तुमने ये,
कितने बहनों को रुलाए हो।

गलत नज़र रखने वाले,
मैं वाकिफ़ हूँ उन मुर्दों (मर्दों) से।

हो द्रौपदी या निर्भया का,
मैं वाकिफ हूँ उनके दर्दों से।

व्यक्त अगर किया न व्यथा,
मैं भी गलत कहलाऊँगा।

जो ना बोलूँ बहनों के ख़ातिर,
तो मैं भी हैवान बन जाऊँगा।
उसी मानवी से राखी बन्धवा कर
क्या उसी पर हाथ उठाऊँगा ?

तुम मंदिर में करते देवी पूजन,
आ बहार करते हो नारी शोषण।

तो सुनो पापीयों आज सुनो
तो सुनो पापीयों आज सुनो

मैं तुम्हें सुनाने आया हूँ।
घड़ा पाप का फूटेगा
यह तुम्हें बताने आया हूँ।

जब फिर से इस काले युग में
मर्यादापुरुषोत्तम का अवतार होगा।
जब श्री कृष्णा के हाथ उठेंगें,
सुदर्शन हाथ सवार होगा।
तो तब काल के गाल से
तुम्हें कौन बचाने आएगा ?
करो देवियों की पूजा,
यह तुम्हें सिखाने आया हूँ।
नहीं तो फिर जब फल स्वरुप
शिव का त्रिनेत्र खुल जाएगा।
दुराचार भरा यह सकल संसार,
तब काल कवलित हो जाएगा।

5. लिखना क्यों पसंद है

मैं लिखता हूँ खुद से बातें अपनी,
स्वयं मैं खुद को समझता हूँ।

खुद से कभी हो जाता गुस्सा,
मैं खुद ही खुद को मनाता हूँ।

मैं ढूंढता हूँ उन राहों को,
जो ढूंढ रही हैं तुमको भी।

तुम हो मेरे अहसासों में,
सिर्फ यही तो सबको बताता हूँ।

और करता बेहद प्यार मैं तुमसे,
भले जब पास रहूँ, सताता हूँ।

लिख तुमको अपनो शब्दों में,
मैं अपना प्यार दिखाता हूँ।

हर शब्द में रहे ज़िक्र तुम्हारा,
कण-कण के हृदय में फ़िक्र तुम्हारा।
लिखता तुमको, सोचता तुमको,
मैं मन की बात बताता हूँ।

लिखना पसंद है तभी तो माँ,
मैं तुमको लिखते जाता हूँ।

मैं कोई और नहीं, आकर्ष हूँ माँ
तेरा बेटा कहलाता हूँ! तेरा बेटा कहलाता हूँ।

6. मेरे पापा

मैं ज़िक्र तुम्हारा लफ्ज़ो से अपनी हर वार करता हूँ।
मैं फ़िक्र तुम्हारा सुबह की पहली किरण से लेकर
आती हर चाँदनी रात करता हूँ।

मुझे शौक नहीं है जज़्बातों के नुमाईश का,
बाबा मैं अंतरात्मा से अपनी,
तुमसे हरदम बात करता हूँ।

जन्म हुआ तो तुमने मेरी रूह रंगी,
आज लिखा जो तुमको तो
तुम्हारे एहसास से मेरे शब्द रंगे।
मैं सारे ख़्वाबों में तुमसे लग कर गले,
सिर्फ तुमसे ही मुलाकात करता हूँ।

मुझे मिलता है परम सुख तुम्हें सिर्फ़ सोचने मात्र से।
जब कभी भी मैं मुश्किलों में होता हूँ,
बाबा मैं सिर्फ़ तुम्हें ही आवाज़ करता हूँ।

यह ज़रूरी तो नहीं कि
तुम्हारे प्रति मेरा प्रेम दिखाई दे सबको।
बस हाथ रख दिल पर देखना अपने,
मैं हर छण बाबा तुम्हें दिल से याद करता हूँ।

तुम्हीं ख़ुदा, ख़ुदाई भी,
मैं हर दुआ तुम्हें तुम्हारी ख़ुशी के लिए
ख़ुदा से ख़ूब फ़रियाद करता हूँ।

देखो बाबा तुम्हारे शब्द में ताकत है कितनी!
मैंने तुमसे दूर होकर ख़ुद को गँवाया था,
आज लिख तुम्हें मैं ख़ुद को आबाद करता हूँ।

मैं आज हमारे प्रेम का हिसाब करता हूँ
कि लिख देता हूँ अपने दिल को तहज़ीब-ए-लखनऊ,
मैं तुमको घोषित अपने दिल का नवाब करता हूँ।

प्यार होता है क्या यह सवाल था मुझसे।
मैं लिख अपने बाबा को
उन सभी सवालों के जवाब करता हूँ।

वक़्त आएगा तो लिखूँगा तुमपर हज़ार नज़्म बाबा,
आज तुम्हारे चरणों में समर्पित
यह अपनी किताब करता हूँ।

मैं तुमसे ही हूँ, तुम-सा भी, हूँ तुमसे थोड़ा-सा जुदा भी।
तुम मेरे दोस्त भी हो, हो मेरे दिल का ख़ुदा भी।

7. इंसान हूँ

मैं चाहता हूँ मैं भी कुछ लिखूँ रिवाजों की चादर में छुपी
हुई उन कुछ कुरीतियों पर,
लिखूँ कुछ भूख से तड़पते हुए उस इंसान पर,
जिसके लिए दो वक़्त की रोटी ही हर ऐशो आराम है ।

लिखूँ कुछ उस मज़दूर पर
जो बनाता है आशियाना गैरों का
और ख़ुद ताउम्र जीता है
अपने एक आशियाने की उम्मीद में।

लिखूँ कुछ गलियों में भागते उस मासूम से बचपन पर
जो अंजान ही रहना चाहता है दुनिया की चालाकियों से।

मैं चाहता हूँ और भी बहुत कुछ लिखूँ हर उस उम्मीद पर
जिसपर लिखना ज़रूरी है
झूठ की धुंध को मिटाने के लिए।

ये क़लम मेरी चीखना चाहती है अपनी पूरी ताकत से,
व्यक्त करना चाहती है अपने हर जज़्बात को बारीकी से।

बेफिक्र होकर बहना चाहती है बिना किनारों की परवाह के,
रहना चाहती है एक अमिट याद बनकर लोगों के ज़हन में।

चाहती है दिखाना लंबी चुप्पी के पीछे
छुपे शोर के वजूद को।

जानती है सहता नहीं आया बग़ावत
ज़माना किसी भी दौर में,
फिर भी मेरी क़लम आवाज़ उठाना चाहती है
पूरी शिद्दत से गलतियों के खिलाफ ।

कहती है टूटना ग्वारा है मुझे
पर यूँ घुट-घुट कर जीना नहीं,
खुलकर साँस लेना चाहती है
यहाँ नहीं तो कहीं और ही सही।

8. तुम आना ज़रूर

तुम हो नदी की बहती शीतल धारा सी
तुम में कोई हमसा डूबे तो बताने आ जाना।
बेशक सब ग़म के आँधी मुझे देना,
कभी मुझे तुम-सा हँसाने आ जाना।

हो जाए जो रुसवाई अगर
दिल पर मेरे, शब्दों के बाण चलाना तुम
महसूस मेरे अथाह प्यार को करना,
मुझे अपना प्यार जताने आ जाना।

तुम गुस्सा अगर जो हो जाओगी
मैं बेशक हरदम झुक जाऊँगा।
जो मैं भी कभी गुस्सा जाऊँ,
एक दफ़ा मुझे सीने से लगाने आ जाना।

मेरी बातें, हाल-ए-दिल मेरा और मेरे प्यार के नग़मे
दिल को अपने सुनाना तुम।
रूठे हुए दिल को अपने,
मेरे लिए तुम एक दफ़ा मनाने आ जाना।

खुशियों के हर दिन हम साथ रहें,
मुझे मुसीबतों में पास बुलाना तुम।

सीने से लगा के मुझको,
एक सूकून भरी नींद सुलाने आ जाना।

खूब झगड़ना, ख़ूब इतराना,
पर मुझे प्यार समझाने आ जाना।
हम दुःख सारे तेरे ले लेंगे,
मुझे उन दुःखों से रूबरू कराने आ जाना।

और हक़ीक़त की तो बात गई,
दिन गए, अब रात गई।
अब अगली रात जो आएगी तो,
ख़्वाबों में ही सही, मेरी हो जाने आ जाना।

चाहो तो सीने में तुम आग लगाओ,
फिर अश्रु जाम से अपनी,
तुम आग बुझाने आ जाना।
बस आ जाना तुम एक दफा
प्यार का अंदाज़ सिखाने आ जाना।

चुभने लगे हैं अब मुझको, मखमल के भी बिस्तर यहाँ
गोद में सर रख अपनी, तुम मुझे सुलाने आ जाना।
बस आ जाना कि तुम फिर एक दफ़ा
बिखरे मोतियों को सँभालने आ जाना।

मेरे क़लम से निकले हुए लफ्ज़
तुझे ही याद करते है हमेसा,
झलक अपनी दिखा मुझे, श्रेष्ठ अनुभूति कराने आ जाना।

मैं तुमसे करता हूँ निश्छल निस्वार्थ प्रेम,
तो राधा, मीरा या रुक्मिणी
जो कुछ भी बन कर आना तुम।
बस आ जाना कि तुम मुझे
अपना श्याम बुलाने आ जाना।

अगर दिल तुम्हारा भरा न हो अब तक मुझे रुला कर तो,
हँसाने ना सही, मुझे फिर से रुलाने आ जाना।

भुलाकर तस्वीर तुम्हारी भूलने लगा हूँ जहाँ को मैं,
भुलाकर तस्वीर तुम्हारी दूर हो रहा हूँ ख़ुद से मैं,
कि वापस फिर से तुम मुझे, आकर्ष बनाने आ जाना।

9. खैर नहीं खैरात रहे

मेरे नज़्म, मेरे द्वारा तुमको दिया हुआ हर फूल
तुम्हें बेहद पसंद हुआ करता था।
आज मैं फिर तुम्हारे लिए एक गुलाब लाया हूँ,
मगर तुम नहीं अब साथ रहे।

नफ़रतें तब भी थी कुछ आयामों से मुझे
जिन्हें मैं सिर्फ़ तुम्हारी वज़ह से प्यार करता रहा।
अब सब यादें है मिट गई,
ना आलम-ए-जज़्बात रहे।

गुफ़्त-ओ-शानीद तेरे तो आज भी
ज़िंदा रखें है मैंने दिल में कही।
पर तुम्हारी दूरियों से ग़म के,
नहीं अब सिलसिला-ए-ख़्यालात रहें।
क्योंकि तुम नहीं अब मेरे शाम-ए-हायात रहे।

गवाह है हमारे प्रेम का वह चाँद भी आसमां में,
जिसके नीचे हमने फ़साने बुँने थे इश्क़ के,
नहीं अब चाँदनी वैसे कोई रात रहे।
क्योंकि नहीं सही हमारे यहाँ सिफ़ात रहे।
जो तुमसे इश्क़ था तो था मैंने भी मुझसे प्यार किया,
अब देखो बाद तुम्हारे, नहीं मोहबत-ए-बज़ात रहे।

हर लफ्ज़, हर दुआ, हर हिस्से में माँगी थी
तुम्हारी हिस्सेदारी खुदा से,
पर कसमकश ख़ुदा की देखो,
नहीं मुझपे ज़रा भी बरकात रहे।

जिन डगरो पर संग साथ समय बिताते,
था हमने साथ सफ़र का वादा किया,
देखो कितने बदल गए, नहीं एक हमारे सिरात रहे।
अब नहीं हम हमारे पास रहे।

तुम्हारी खातिर न जाने कितनी मैंने खैरातें की,
दुआएँ तुमको कितनी दी,
बाद तुम्हारे खैर नहीं खैरात रहे, ना हम हमारे पास रहे।
खैर नहीं खैरात रहे, ना हम हमारे पास रहे।

10. रश्क-ए-महताब

शीतल, श्रेष्ठ या सरदाब लिखूँ
या लिख दूँ गाह-ए-सैराब तुझे।

क्या लिखूँ तुझे एक ग़ज़ल बेहतरीन
या ख़ुद को एक शायर ख़राब लिखूँ।

रश्क-ए-क़मर तुझे मैं लिख दूँ क्या,
या लिखूँ मैं रश्क-ए-महताब तुझे।

क्या ख़ुद को आशिक़-ए-माशूक़ कहूँ,
या कहूँ मैं शिरक़त-ए-ख़्वाब तुझे।

चाब लिखूँ तुझे दिवाली के,
या लिखूँ दिल-आँगन का हसीन गुलाब तुझे।

आब लिख दूँ आँखों के अपने,
या लिखूँ उनफुवां-ए-शबाब तुझे।

दिल-ए-मुज़्तरिब या लिखूँ बेताब मैं ख़ुद को,
या लिख दूँ जीवन की रिक़ाब तुझे।

सज़ायाब तो मैं लिख दूँ खुदको,
क्या लिखूँ संगीत सज़ा रुबाब तुझे।

सुरखाब लिख दूँ मैं हम दोनों,
या सिर्फ़ लिखूँ नायाब तुझे।

अज़ाब तुझे मैं लिख दूँ क्या,
या लिखूँ आँखों में बसती सैलाब तुझे।

रश्क-ए-क़मर तुझे मैं लिख दूँ क्या,
या लिखूँ मैं रश्क-ए-महताब तुझे।

11. यूँ ख़ामोश ना रहो

तुम्हारी लबों से मुझे तुम्हारे शोर सुनाई दे रहे हैं।
यूँ ख़ामोश ना रहो, बोलो कुछ
मुझे टूटते हुए अपने रिश्तों के डोर दिखाई दे रहे हैं।

मैं उम्मीद लगाए बैठा हूँ कि
बुलाओगी तुम मुझे मेरे नाम से एक दिन,
मुझे मेरा नाम, तुम्हारे होंठो से बेजोर सुनाई दे रहे हैं।

छुपा हुआ है नीला अम्बर
जो वक़्त आने पर दिखेगा ज़रूर, मेरा वादा रहा।
पर अभी आसमान में मुझे
काले बादल घनघोर दिखाई दे रहे हैं।

ये रास्ता मेरी मानो तो मिलेगा ज़रूर अंत-अंत तक
पर आज कम्बख्त मुड़ते हुए सिर्फ मोड़ दिखाई दे रहे हैं।

तुम न जाओ मुँह मोड़ के जहाँ से
मुझे गुस्से में तुम्हारे हाथों को कस के पकड़ना है।
बाहों में तुम्हें ताउम्र सप्रेम जकड़ना है।

उम्मीद में है दर्द-ए-दिल मेरा
बसना तुम्हारी धड़कनों में है, दिल में तुम्हारी धड़कना है।

रहना चाहता हूँ दर्द में भी दिल के करीब तुम्हारे,
तुम खुश न रहो तो दिल को मेरे है मुझे रुलाना भी।

पास आना है तुम्हारे, तुम्हें मानना भी है समझाना भी
हैं प्यार से सारे नग़मे मुझे तुम्हें सुनना भी
हाँ है मुझे तुमसे बेहद प्रेम, है मुझे प्रेम करते जाना भी।

12. मुझसे प्यार करती है!

नहीं वो सामने सबके, इस बात का इज़हार करती है,
मैं उससे प्यार करता हूँ, वह मुझसे प्यार करती है।

ना दुनियाँ की उसे परवाह ना उसको डर ज़माने का,
पकड़ के हाथ वह मेरा, सरे बाज़ार चलती है।

है सूरत खूबसूरत उसकी, बड़ी दिल की भली भी है,
मेरा ही रूप है उस में, मेरे ख़्वाबों में बसती है।

मुझसे पूछती है ये सवाल, बताओ कैसी लगती हूँ,
जब मेरे नाम के रंग उसके गालों पर सजती है।
किसी त्यौहार पर जब वह बेहद सजती सँवरती है।

सँवरती है, है इतनी खूबसूरत कि
मैं कुछ लिख नहीं सकता,
चाँद की चाँदनी भी आगे उसके जैसे फीकी ही पड़ती है।

कभी कुछ काम हो जाए अगर मैं पास ना पहुँचा,
वो खाना भी नहीं खाती, मेरा इंतज़ार करती है।
आ जाओ गाँव जल्दी कि तुम बिन मन नहीं लगता,
मैं जब भी दूर जाऊँ तो,
मेरे सज्दे में रहती है, मुझे मिलने को तरसती है।

कभी मायूस हो करके अगर मैं रोने भी लगता हूँ,
कलेजे से मेरे लगके ख़ुद भी रोने वह लगती है।

मैं उससे दूर होकर के, पल भर जी नहीं सकता,
रोज़ निहार उसी को प्यार से,
धड़कन मेरे दिल की धड़कती है।

मैं हर ग़म भूल जाता हूँ, ख़ुशी से झूम जाता हूँ
वो लड़की मुस्कुरा कर प्रेम से जब मुझे आकर्ष कहती है।

13. आँख नम है पर सुनो

आँख नम है पर सुनो,
तुमको खोने का डर सुनो।
मैं चाहता हूँ तुम्हें जहाँ
हर मंज़िल की वह सफ़र सुनो।

रिश्तों में दूरियों का मतलब नहीं ,
ना तुम किन्तु,परन्तु, मगर सुनो।
बिछड़ कर बिलख उठे जो तेरे लिए,
आज तुम मेरे वो ख़ामोश नज़र सुनो।

ज़ख्ममेरे देखो तुम,मेरी पीड़ा तुम महसूस करो
जो संग बिताया था हमने,
उस दौर-ए-इश्क़ की तुम हर पहर सुनो।
जो दिल को मेरे आती है,
वो ज़रूरी सी तुम्हारी डगर सुनो।

ना जाने कैसे धड़कता है तुम बिन,
मेरे दिल का तुम यह हशर सुनो।
नयन से चलाती हो बाण जो तुम,
मेरे दिल पर उसका असर सुनो।

क्यों करती हो तुम कुछ ऐसा जो नहीं है मंज़ूर मुझे,

दिल दुखा के जो करती हो,
सुनो तुम वो कहर सुनो।
तुमसे ना मिलने पर लगती है ज़िन्दगी जैसे,
चलो आज तुम वो ज़हर सुनो।

बिखरा सा दिल टूटते रहता है
हर वक़्त ख़्याल-ए-महबूब के वज़ह से ही,
जो ना जानती हो ख़बर मेरी.
तो आओ मेरे दिल की तुम ख़बर सुनो।

बात करती हो ज़माने से तुम
तो चुभता है दिल में काँटा मेरे।
छोड़ो सब कुछ, माफ़ किया
सुनो मेरी तो, दुनियाँ से होकर बेख़बर सुनो ।

रिश्तो में दूरियों का मतलब नहीं ,
ना तुम किन्तु,परन्तु, मगर सुनो।
मैं चाहता हूँ तुम्हें जहाँ
हर मंज़िल की वह सफ़र सुनो।

14. सज़ती एक ख़्वाब

सजता एक ख़्वाब हर दिन है,
तुम मुझसे प्रेम हो करती।
तुम अब भी ख़ुद के ख़्यालों मे,
मेरे सज्दे में हो मरती।

लगा रहता है मुझको डर कि
कहीं यह वहम न मेरा है।
जो तुझसे ही लड़े तेरी खातिर,
ऐसा आकर्ष तेरा है।

यूँ तो अब दूर हूँ सबसे,
मैं जागे रात रहता हूँ।
खुले अब आँख तेरे जहाँन,
वहीं मेरा सवेरा है।

है आती रात काली तो,
जुगनू निस्तेज़ नहीं होते।
ज़िन्दगी रौशन है तुझसे,
तू ही मेरा बसेरा है।

किया ग़र जुर्म है तो तू सजा-ए-मौत दे देना,
यूँ तुझसे दूर रहने की, मुझे फरमान ना दे तू।

तरसता रहता हूँ तुझसे
मैं फिर से बात करने को।
वो क़दम त्रस्त है कब से,
हाँ तेरे साथ चलने को।

मैं आ जाऊँगा तेरे पास
अगर हो मुझको इज़ाजत तो।
मेरे सहारा बन जाना,
फिर दो क़दम साथ चल लेना है।

माँगा एक कोना तेरे दिल में,
मुहैया वह मेरे नाम कर दे तू।
भले करना है तो आ,
मुझे बेज़ार कर ले तू।

हो झूठा भी तो है मंजुर,
आ मुझसे प्यार कर ले तू,
हाँ मुझसे प्यार कर ले तू।

15. क्या हो तुम

मैं ख़ुशी से डुबता था जहाँ,
प्रेम की वहीं एक तलाब हो तुम।
सुनो, सुनो-सुनो सच है कि
उन्फुवान-ए-शबाब हो तुम।

तुम नहीं जानते कि कितने नायाब हो तुम।
आकर्ष का सुनहरा सपना हो,
आकर्ष का बेमुक्क्रमल ख़्वाब हो तुम।

पूछता है हर शख़्स सवाल बहुत से प्यार के,
मेरे ख़ातिर प्यार के हर सवालों के जवाब हो तुम।

इन अंधेरों से निकलना है एक रोज़ तुम्हें,
क्योंकि मेरे दिल की धड़कन हो,
समझा था ज़िन्दगी का आफ़ताब हो तुम।

शामिल तो हम भी हैं तुम्हारे आशिकों के भीड़ में,
पर यकिनन मेरे ख़ातिर,
तुम ही मेरी ज़िन्दगी, तुम ही मेरी बंदगी,
मेरे लिए काफ़ी खूबसूरत हो, सबसे लाजवाब हो तुम।

16. लिखूँगा तेरे लिए गीत

रात के सीने में कहीं,
सुबह दुपकी होगी तो सही।
जब मिलते होंगे चाँद और सूरज,
ऐसा भी तो पल होगा ज़रूर कोई।

होगा कोई तो मौन ऐसा,
जो बजता हो संगीत जैसा।
होगा कोई तो कोना ऐसा,
जहाँ क्षितिज लगे ना स्वप्न जैसा।

मैं तुझको मिलूँगा वहीं,
जहाँ दूरियों के कोई मायने नहीं।
जहाँ ना दिन होगा ना रात होगी
ना शोले होंगे, ना राखें होगी
और ना आंखो से बरसाते होगी।

लब जहाँ ना पाबंद होंगे,
शब्द जहाँ ना पाखण्ड होंगे।
मैं लिखूँगा तेरे लिए गीत वहीं,
होगा जहाँ कपट का ना अर्थ कोई।

17. अब तेरा हो जाना है

चलो कहीं अब दूर यहाँ से,
तुम्हें एक ऐसा कहानी सुनना है।
आँखों से आँसू निकलेंगे,
पर फिर भी सब कुछ बताना है।

महसूस किया जो दर्द है मैंने
रूबरू सो तुमसे कराना है।
मेरी बातें छोड़ो, राहें छोड़ो,
पर आँखों में तुम्हें बसाना है।

संग तेरे जीना पसंद है मुझे
तेरे संग मुझे मर जाना है।
बची हुई जिंदगानी को मुझे,
यूँ अब तेरे संग बिताना है।

चलो कहीं अब दूर चलें,
तुम्हें एक ऐसा दर्द सुनना है।
दिखावटी बातें करनी नहीं,
मुझे सिर्फ़ और सिर्फ़ प्यार जताना है।

खुद में तुमको शामिल कर,
आकर्ष को तेरा हो जाना है।

18. हाल-ए-दिल सुनाता

हाल-ए-दिल तुझको सुनाता अगर
बिखरे मोती टूटे ख़्वाब और मेरी तन्हाई ना होती।
कहूँ कैसे कि मिला मोहब्बत,
पर काश इसमें जुदाई ना होती।

तब उन्होंने हमे गले से लगाई ना होती,
तो हमने भी हाल-ए-दिल छुपाई ना होती।
उसकी याद में गाने तो काफ़ी लिखे,
लेकिन काश वो गाने गुनगुनाई ना होती।

दिल में उसके लिए जगह बेशुमार थी,
लेकिन ना आया उसे हाल-ए-दिल बताना।
समझा था उसे खुबसूरत-सा नजारा,
लेकिन वह तो निकला बादल आवारा।

थमा दी थी उसके हाथों में ज़िंदगी की लगाम,
काश उसने हमपर तब झूठी हक़ जताई ना होती।
फिर भी क्या करें हर रात उसे भुलाकर सो जाते हैं हम,
हर दिन हमें हर उस रात का इंतज़ार रहता है।

19. प्यार करते जाओ

सुनो, एक सवाल है मन में
मेरे सारे सवालों के जवाब हो तुम,
मेरे जवाब मुझे तुम बता दो ना।

लगता है तुमको, रोया नहीं मन मेरा एक अरसे से
तो मुझसे फेर लो मुँह अपना ,
बेशक मुझे रुला दो ना ।

हाँ अगर था प्यार ज़रा भी तुम्हें आकर्ष से तो,
ज़रूरत है आज मुझे तुम्हारी,
अपना थोड़ा सा प्यार जता दो ना।

मैं नहीं चाहता देखें मेरी आँखें किसी गैर लड़की को,
आओ पास, काली पट्टीऔर
एक मज़बूत ताला मेरी आँखों पर लगा दो ना।

मुझे इतना प्यार है तुमसे,
तुम्हारे सिवा दिख ही नहीं रहा कुछ,
मुझे खूबसूरत दुनियाँ आँखों से अपनी दिखा दो ना।

और आओ बैठो पास मेरे,
मुझे इकरार का मतलब समझाओ तुम।

जो कर दिया है प्यार से बिना सोचे समझे,
हमारे बीच इन कम्बख़्त दूरियों का मतलब बताओ तुम।

अब इतनी नफ़रत ना दिखाओ तुम,
प्यार करती थी ना, तो बस प्यार करते जाओ तुम।

20. काश तुम आ जाते

बहुत तन्हा हूँ मैं आज काश तुम आ जाते।
आज कुछ वक़्त के लिए ही सही
पास मेरे काश तुम आ जाते।

कभी ख़ुद को इतना कमज़ोर ना होने दिया मैंने
पर आज बिखर गया हूँ मैं तुम बिन
सम्भाल लेते मुझे, काश तुम आ जाते।

नफरत ही ले आते मेरे हिस्से ख़ातिर,
हम उसे ख़ुशी-ख़ुशी स्विकार जाते।
बहुत तन्हा रहता मैं आज कल,
पास मेरे काश तुम आ जाते।

जैसे वर्षों से जी रहा था ज़िन्दगी तुम्हारे आने से पहले,
अब नहीं गुजर पाएगा एक पल भी ख़ुशी से,
मुझे दुख भी मिले तो तुमसे मिले,
मेरे पास काश तुम आ जाते।

वक़्त की रफ़्तार भी जैसे थम-सी गयी हैं
तुम्हारे दुर होने के बाद से,
थम ना जाए मेरी सांसें,
पास मेरे काश तुम आ जाते।

जब से तुमने मुझे दुर किया है तुमसे,
तब से हारने लगा हूँ मैं जंग ज़िन्दगी से हर वक़्त
काश तुम मुझे जीता पाते।

तुमने तो लड़ना सिखया मुझे सब से यहाँ
पर ख़ुद के ही नजरों में गिर गया हूँ आज मैं।
तुम काश मुझे नजरों से अपनी उठा पाते।

मैं हार रहा हूँ ख़ुद से आज,
मौत मेरे जैसे क़रीब बैठी हो,
मेरी मौत आने से पहले, काश तुम आ जाते।

धड़कन ख़फ़ा है, बस नाम तुम्हारा ही लिए जा रही।
काश तुम धड़कनों में मुझे बसा पाते।
हमें अपना बना जाते, थोडा प्यार जता जाते।
काश तुम आ जाते, कास तुम आ जाते।

21. कुछ करो तुम

प्यार में दूरियों के मायने नहीं,
चलो वापस फिर से एक नई शुरूआत करते हैं।
फिर से कभी ना टूटने वाले रिश्ते ,
हम अपने रूहानी इश्क़ के नग्मे बुनते हैं।

इस दुनियाँ में मुझे नहीं है ख़्वाहिश किसी भी चीज़ की,
पर तेरा साथ और तुझे पाने को हम दिन रात तरसते हैं।
हमसे भले दूर चला जाए ये जहान तो कोई ग़म नहीं,
तुम्हें खोने के ख़्यालों तक से हम हर बार डरते हैं।

हम तुमसे बेहद प्यार करते हैं।
सुनो मेरे प्यार को एक नाम दे दो तुम।
अपने दिल को मेरे बेहद निश्छल,
बेइंतहा प्यार का फ़रमान दे दो तुम।

चाहते हैं रहे हमेशा इर्द-गिर्द ज़िंदगी के अपने,
तुम ज़िंदगी हो मेरी, अपने पास रख लो
दिल में अपने कोई छोटा सा काम दे दो तुम।

हम भिखारी बन के माँग रहे है रहम-ए-प्यार तुमसे,
हम हमारे प्यार का उचित इनाम दे दो तुम।

जो ना चाहती हो देखना मुझे मुस्कुराते कभी,
जहाँ के सारे ग़मो का मुझ पर इल्ज़ाम दे दो तुम ।

सारी खुशियों,अच्छाइयों को अपने पास रख लो
अगर हम उसके ज़रा भी लायाक नहीं
पर हम जिसके हकदार हैं,
फिर आगे हमें वहीं एहतिराम दे दो तुम।

दूर होकर रहना चाहता नहीं आकर्ष तुमसे,
करीब आओ, सीने से एक दफ़ा लगा लो मुझे
या फिर ज़हर से भरा मुझे एक जाम दे दो तुम।

तेरे हाथों से मिला ज़हर हम ख़ुशी से पी लेंगे
पर हम नहीं चाहते दूर रहे जैसे बन कर राधा,
हाँ आज मेरे हिस्से का मुझे श्याम दे दो तुम।

है अगर मात्र नफ़रत बचा हमारे हिस्से के खातिर,
उस बेइंतहाँ नफ़रत को भी सिर्फ़ हमारा नाम दे दो तुम।

जो हो रूबरू मेरे निस्वार्थ समपर्ण वाले प्रेम से तो,
अपने दिल को मेरे दिल का आज यह पयाम दे दो तुम।

या तो फिर आ लौट जाओ मेरे ज़िन्दगी में
इसे ज़न्नत बनाने के ख़ातिर,
या फिर अपने हाथों से ज़हर भरा एक ज़ाम दे दो तुम।

22. कुछ भी नहीं

तुम पास थी तो पास सब कुछ था,
तुम नहीं तो बचा अब कुछ भी नहीं।

ख़्वाब बड़े सज़ा रखे थे,
तुम गई सब ख़्वाब गए।
दूर गए सब खुशियों के पल,
सपनो में रोज़ सुबह आती हो तुम,
पर कहती हो मुझसे कुछ भी नहीं।

पढ़ता हूँ मैं, लिखता भी हूँ, सुनता और सुनाता भी,
पर सच में चुभती बात है एक,
मेरे समझ में आता कुछ भी नहीं।

वफ़ा तुम्हारी, साया तुम्हारा,
आगे दुःख भी तो बांटना था न,
हर ग़म के बाद भी देखो,
किया प्यार के सिवा कुछ भी नहीं।

एक सच्चा दोस्त तो माँगा था तुमसे
और वह भी तुमने छीन लिया।
राह अकेले मैं बचा, बच गयी हमारी यादें,
उन खूबसूरत यादों के अलावा,और बचा कुछ भी नहीं।

तुम पास थी तो पास सब कुछ था
तुम नहीं तो बचा अब कुछ भी नहीं।

मेरी ज़िन्दगी ने ज़िन्दगी में ज़िन्दगी को सज़ा दिया,
है ज़ख्म मेरे गहरे बहुत,
पर इलाज़ इसका कुछ भी नहीं।

है बड़ा सताया, रुलाया बहुत है
और राहों पर अकेला छोड़ दिया।
उम्मीदें तो हैं साथ मेरे,
पर हँसने की वज़ह कुछ भी नहीं।

रोज़ सवेरे देखता हूँ तुमको,
सोचता आँखो में अपने सँजो लू सपनें सभी,
और जब आती ही हो सपनें में
तो कहती तुम क्यों कुछ भी नहीं?

तुम थी तो सच में सब कुछ था,
है बचा यहाँ अब कुछ भी नहीं।

मैंने किया है तुमसे बेहद प्यार,
बस प्यार के सिवा और कुछ भी नहीं।
उस प्यार के सिवा कुछ भी नहीं।

23. जुदा तुमसे ना हो पाया

संग हँसने वाले मिलेंगे बहुत,
यूँ वक़्त पर कभी कोई हँसाए तो सही।
हम तो तैयार हैं कब से होने को फना,
पहले बनकर वह सिर्फ़ हमारा दिखाए तो सही।

फलक से माँगू ये मन्नत कि एक दफा तेरा दीदार हो जाए
झूठा ही सही, पर काश तुझे भी मुझसे प्यार हो जाए।

हालांकि, दूर रहकर भी, जुदा तुमसे ना हो पाया।
ना भूला तेरी गलियों को, भुला तुमको नहीं पाया।
बहुत सोचा, बहुत समझा, बहुत चाहा, बहुत लिखा
मगर मैं सामने तेरे, कभी कुछ कह नहीं पाया।

बेपनाह इश्क़ है तुमसे
आने पर वक़्त दिल-ए-दिदार् करेंगें हम।
ना मिल सके तुमसे तो क्या हुआ,
आईना में बना तस्वीर तुम्हारा, इश्क़-ए-इजहार करेंगें हम।

और क्या हुआ तुम्हें थोड़ा भी प्यार नहीं हमसे तो,
दर्द-ए-इश्क़ तुम्हें एक तरफा प्यार करेंगें हम।

24. अच्छा लगता है

दिन के किसी भी वक़्त अपने घर का याद आना,
मेरी बातें सुन, मेरी माँ का हमेशा ख़ुशी से मुस्कुराना।

किसी अधूरी पढ़ी किताब को पूरा पढ़ जाना,
किसी पुराने दोस्त से फ़ोन पर घंटो बतियाना।

चाय के प्याले में बिस्किट का टूट के गिर जाना,
जा कर खेतों में कुछ पौधों से मिलकर आना।

फ़ोन पर कुछ पुराने गाने सुन कर गुनगुनाना,
आईने में कुछ देर तक देखना ख़ुद को
और देख कर कई तरह की शक्लें बनाना।

रूठना ख़ुद ही से फिर ख़ुद ही को समझाना,
अच्छा लगता है कभी-कभी
ख़ुद के साथ भी कुछ वक़्त बिताना।

25. चलो हम प्यार करें

ढलते शामों में संग बैठे, चल हम कुछ ख़ुश-इक़रार करें।
डूबते सूरज के तत्पश्चात हम चाँदनी रात की इंतज़ार करें।
चलो हम प्यार करें।

काँटों के पर्दे में छिपकर, जैसे हम गुलाब खिलें।
नदियाँ जैसे नदियों से, हम भी आगे वैसे मिलें।
दोनों को समझे और हम असलियत अपना स्वीकार करें।
चलो हम प्यार करें।

जुगनू जैसे चमकना चाहें, हम चाँद का एतबार करें,
हम हमदोनो को आँखों में अपने, हरदम और हरबार भरें।
चलो हम प्यार करें।

संग साथ चलते राहों पर अगर मुश्किलें रास्ता घेरें तो,
भले तनहा रातें काट जाएँ चाहे छाए दिन में घोर अँधेरे हो,
वक़्त जितना बदल ले चाहे,
हर मौसम को हम गुलज़ार करें।
चलो हम प्यार करें।

अगर दुश्वार राहों पर भी चलने पड़े,
हम वहाँ भी प्रेम बेशुमार करें।

बदलते हालातो में भी तुम, मुझको अपना कहते रहना,
हम हर मौसम हर हालत, तुझपर अपनी जान निसार करें।

एक दूजे के नाम यहाँ, हम अपना सकल संसार करें।
हम प्यार के एक-एक पल को,
जन्मों के लिए यादगार करें।

हम हमदोनो को आँखों में अपने, हरदम और हरबार भरें।
डूबते सूरज के तत्पश्चात हम चाँदनी रात की इंतज़ार करें।
चलो हम प्यार करें।

26. रो कर दिखाऊँ मैं

पता नहीं क्यों, मुझे दर्द लिखने का बेहद जीं करता है। पर
लिखने के बाद क़लम हज़ार सवाल करते हैं ज़हन से।

टूटे तो नहीं हो तुम,
फिर ऐसा क्यों लिखते?
हमेशा तो हँसते रहते हो आकर्ष,
कभी रोते हुए नहीं दिखते !

तो अब क्या रों कर भी दिखाऊँ मैं ?
दर्द मेरा अगर महसूस नहीं करता कोई
तो क्या अब ग़ैर दिल में बैठ,
अपना दर्द महसूस कराऊँ मैं !

दर्द छुपाए जहाँ घूमूँ भले पर
अपनी बातों को तुम्हारे सामने ना रख पाऊँ मैं ।
पर लफ़्ज़ों से पीड़ा दिल का
हमेशा बयान कर जाऊँ मैं ।

चाहो तो देखना दूर होकर मुझसे, काश दूर होते ही तुमसे
साँसे रुके और फिर मर जाऊँ मैं।

27. स्त्रियाँ

'अपवित्र है अगर नारी,
तो तुम स्वयं की पवित्रता का ही प्रमाण दे दो।
करके परित्याग अशुद्धता से संचित देह की,
अगले जन्म में किसी पुरुष की ही कोख से जन्म ले लो।

दर्द भरी चेहरे हर रोज खुशी खोजती हैं
फिर भी नजरें दर्द में रहती हैं।
ना ही कुछ बताती हैं, ना ही कुछ जताती हैं।
चेहरे हैं साहब लोगों के मध्य केवल मुस्कुराती हैं।

स्त्रियाँ तो केवल चेहरे छुपाती हैं
क्योंकि हर रोज उन्हें यह समाज
मान-सम्मान याद दिलाता है।
अंधेरे और अकेले से डरती हैं स्त्रियाँ
क्योंकि हमारा देश कम्बख़्त
बलात्कारियों के लिए कानून नहीं बनाता है।
अगर स्त्रियाँ न्याय मांगती हैं,
तो यह समाज साथ न देकर उनसे अनेक प्रश्न कर जाती
है और न जाने कितने लांछन लगा जाती है।
जो स्त्रियाँ न्याय मँगाने के लिए खड़ी होती हैं,
वही समाज की तानें सुनकर एक कोने में पड़ी होती हैं।

28. इतना प्यार क्यों दिया

देना ही था अगर दूर होने का फ़रमान
फिर मेरे बेपनाह, बेइंतहा प्यार को
इतना सवार क्यों दिया?

मैं चाहता नहीं कि मुझको इख़्तियार क्यों दिया?
मुझे दिल तो दिया मगर
दिल-ए-बीमार क्यों किया?

शिकायत यही है फ़क़त ख़ुदा से मुझको
मोहब्बत क़िस्मत में दिया तो इंतज़ार क्यों दिया?
छूट जाएँगी ज़िंदगी से नादानियाँ सभी,
मेरा दिल बता मुझको ज़्यादा होशियार क्यों किया?

तू वापस लेना ना कभी मुझसे दिए हुए ज़ख़्म,
मैं कहता हूँ फिर ऐसे में ज़ख़्म उधार क्यों दिया?
चाहता बिछड़ना ही है मुझसे अगर दोस्त,
फिर दिल के सबसे क़रीब आ मुझको
इतना प्यार क्यों दिया?

तुझसे बिछड़ने पर यहीं डर बेहद सताता रहेगा कि,
ग़म मौत से पहले ही मुझको मार क्यों दिया?

29. कैसी हो तुम

मुआफि चाहता हूँ जो
मैंने अनजाने में तुम्हरा दिल दुखाया हो,
मेरी गलतियों ने तुम्हें अकेले में साताया हो,
जो मैनें तुम्हें कभी रुलाया हो।
मैनें तेरे लिए अपने इज़्ज़त को तार-तार कर दिया है,
इश्क़ में तेरे आकर्ष ने ख़ुद को ही बेज़ार कर दिया है।

और जिस आकर्ष को मात्र देख लेने से
कभी गुलो-सा खिल जाया करती थी तुम,
दुःख इस बात का है कि,
उसी चेहरे ने तुम्हारा हाल आज़ार कर दिया है।

पुछ्ने पर हाल तुम्हारे दिल का,
कहती हो बड़े सालिके से तुम कि,
गलती हुई जो मेरा चेहरा देखा तुमने,
जिसने तुम्हारा मिज़ाज बेकार कर दिया है।

30. ऐ चाँद सुन

ऐ चाँद सुन कुछ बात कर।
मेरी ओर से उनसे मुलाकात कर
और हसीं मेरी ऐक रात कर।
ऐ चाँद सुन कुछ बात कर।

बेमौसम यूँ ना बरसात कर
ना हँस तू मेरे जज़्बात पर।
ऐ चाँद सुन कुछ बात कर
मेरी चाँदनी को मेरे साथ कर।

गम भले न सुन मेरी,
हर ग़म उसका मेरे हाथ कर।
ऐ चाँद सुन ऐक काम कर,
उसके नाम मेरी हर शाम कर।

जब सो जाऊ रो-रो कर मैं,
सपनो में उससे मेरे नाम कर।
ऐ चाँद सुन कुछ बात कर
ऐ चाँद सुन कुछ बात कर
मेरे चाँद को मेरे साथ कर।

31. तुम ही तुम हो

फ़िक्र तुम्हारी न करूँ तो किसकी करूँ?
तुम्हें ही खोने से न डरूँ तो किससे डरूँ?

तुम इकलौता प्यार हो मेरा,
छोटा-सा एक संसार हो मेरा।
तुम्हारी सूरत देखन को दिन रात मरूँ,
फ़िक्र तुम्हारी न करूँ तो किसकी करूँ?

कोई और ख़्याल नहीं मन में
तुम ही तुम हो सिर्फ़ जीवन में
फिर साथ तुम्हारा छोड़ साथ किसके चलूँ,
फ़िक्र तुम्हारी न करूँ तो किसकी करूँ?

दिल से मेरा दीदार करो
मेरी चाहत पर ऐतबार करो।
देखो कैसे मैं साँसों में तुम्हारा नाम भरूँ
फ़िक्र तुम्हारी न करूँ तो किसकी करूँ?

32. तुम मिलो, सब मिले

ये चमकते हुए चाँद सितारे मेरे किसी काम के नहीं,
आओ तुम तो सारा जहाँ मिल जाए।

बिखर कर टूट गया है तारा दिल का मेरे,
जो मिलो तुम तो इसे एक आसमान मिल जाए।

घर नहीं है ना दर है कोई,
पत्थर गिरते हैं तो ज़ख़्म सीधे सीने पर लगते हैं,
तुम चाहो तो आकर्ष को एक आशियाँ मिल जाए।

जहाँ बेचना चाहता हूँ मैं तमाम खुशियों को मुफ्त में,
काश मुझे वो मेरी दूकान मिल जाए।

मैं एक बूँद हूँ पानी का,
बिछड़ा हूँ जो अपनी ही आँखों से बिखर कर ,
जो गिरूं तुमपर तो जैसे कोई प्रेम स्थान मिल जाए।

मैं नहीं चाहता हूँ दो पल की ख़ुशी
इस मतलबी दुनिया में यहाँ,
खुशी तो तब मिले जब तुम मिलो
और मुझे सारा जहाँ मिल जाए।

मैं सूरज हूँ जो बेशक डूबना चाहता हूँ तुम में,
चाहत है, मुझे तुम-सा एक बेहतरीन शाम मिल जाए।

मैं हर दुआ में मांगू तुम्हें ही हमेशा,
खुदा को बस मेरा एक फ़रमान मिल जाए।

काश तुम मेरी हो जाओ,
हमारे तुम्हारे अरमान मिल जाए।

लगता है सबको कोयला हूँ मैं एक बेकार-सा,
जो मिलो तुम तो मुझे हीरे की खान मिल जाए।

बस एक सजदा करता हूँ तुम्हारा ही हमेशा
तमन्ना है सिर्फ़ प्यार और प्यार
हमारे दरमियान मिल जाए।

33. तुम और सिर्फ तुम

तुम्हें बेवज़ह प्यार करने से
कभी मुकरता नहीं है दिल।
जो ना देखें तुमको मेरी आँखें
तो खुद मुझसे प्यार करता नहीं है दिल।

तुमको खोने का डर हर पल इसे सताता है,
कभी खुदको खोने से डरता नहीं है दिल।

तुमपर तो हज़ार दफा मर जाएँ ये मेरी जान,
टुटा है, किसी और पर कभी मरता नहीं है दिल।

क्योंकि तुम सांस हो मेरी,
मेरे धड़कनो की एक मात्र ज़रूरत हो तुम।
तुम्हें देखने से जी भरता नहीं है,
मासूम भी हो, बेहद खूबसूरत हो तुम।

तुम्हारी नूरानी चेहरे को देखने से
ताज़गी मिलती है दिल को मेरे।
जिसे मैं चाहूँ अपने खून से लिखना,
वो एक ख़त हो मेरी, मेरी नुसरत हो तुम।

हो सीता अगर तुम राम की, रुक्मिणी तुम श्याम की,

तो मेरे लिए मेरे सच्चे प्यार की मूरत हो तुम।

हो धड़कनों में जान सी, जीवन में तुम प्राण सी,
चाँद की चाँदनी हो, काफ़ी खूबसूरत हो तुम।

अधूरा है बिन तुम्हारे आकर्ष भी अपनी राहों पर,
जीवन हो उसकी, उसकी ज़रूरत हो तुम।
हो सीता अगर तुम राम की, रुक्मिणी तुम श्याम की,
मेरे भी समर्पण वाले प्यार की सच्ची मूरत हो तुम॥

34. सिर्फ़ मिलें सयाने लोग

बरी घड़ी जब सर पर आई
तब हम ने है पहचाने लोग।
क्यों इस बात का इल्म नहीं था,
थे साथ मेरे अनजाने लोग।

ना दर्द छुपाए बनता है
ना मीत भुलाए बनता है।
हँसी मज़ाक की दुनियाँ में,
मेरी पीड़ा ना जाने लोग।

मौक़ा देखा वार किया,
चुटकी भर बस प्यार दिया।
दिल से काम नहीं लेते,
ये अपनों में बेगाने लोग।

सब की बातों को तौला
और सब को ऊँचा दर्जा दिया।
जब क़िस्मत ने पासा पलटा,
तो आकर्ष को आए आज़माने लोग।

कहने को थे हमजोली, अब बिखरी यारों की टोली।
जब गुज़रे गली से मेरे क़दम, लगे हैं आँख चुराने लोग।

इतने सावन बीत गए,
अब वक़्त सिखाता पाठ नए।
हम देते रहे पहचान हमारी,
हमें हमसा ना पहचाने लोग।

ना दर्द छुपाये बनता है
ना मीत भुलाये बनता है।
हँसी मज़ाक की दुनियाँ में,
मेरी पीड़ा ना जाने लोग।

नए शहर की नयी हवा में,
सिर्फ़ मिलें श्रेष्ठ सयाने लोग।

35. जानो कौन हो तुम

जिसकी शौक से करूँ इज़्ज़त सामने सबके,
मेरी दोस्त हो, मेरी शान हो तुम।

जो अगर तपस्या करूँ,
रोम-रोम में बसती ध्यान हो तुम।

है तुझमें निहित आशाएँ अनंत,
मैं परिंद, खुला आसमान हो तुम।

तुम्हें पाकर शोभित हुआ हूँ मैं,
खुशबू से अलंकृत गुलदान हो तुम।

तेरी बातें हैं कुछ मायावी सी
तरन्नुम हो और मधुर तान हो तुम।

मैं ज़माने की एक खारिज दलील,
बेहतरीन अंदाज-ए-बयान हो तुम।

तुम हो मुझ में मुझसे ज्यादा,
धड़कन में बसती प्राण हो तुम,
नाज़नीन हो और मेरी जान हो तुम।

36. प्रेम की पतंग

ओस की बूँदे हर पत्तों पर,
जैसे मोती सा शृंगार लिए।

बोली उसकी मीठी-मीठी,
जैसे खुशबू का उपहार लिए।

पतंग बन गई हैं प्रेयसी,
माँझा प्रेम की धार लिए।

दान दृष्टि के माध्यम से,
बेहद बेइंतहा प्यार लिए।

वो जब भी है आती मेरे डगर,
आती है हर्ष और उल्लास लिए।

मैंने लिखा है उसी शख़्स का नाम,
दिल को लिखे हुए हर एक ख़त पर।

दिल की पतंग गिरी है उसकी नजरों से कट कर,
हवा भी उसके घर की है
गिरेगी पतंग उसी की छत पर।

37. सारा इलज़ाम क़ुबूल

अपनी हासिल का पिटारा मेरे सर पर फेंक देना,
कर दिया है जो कबाड़ा मेरे दर पर फेंक देना ।

ऐ चपलचट्टो मुलायम हो गयीं अब एड़ियाँ ,
मुँह धो लो फिर ग़रारा मेरे सर पर फेंक देना ।

रोटियाँ जब सेक लेना मज़हबी इल्हाम की ,
लौटकर तुम एक शरारा मेरे सर पर फेंक देना ।

चूस जाओ रंगत-ए-गुल, चाट जाओ टहनियाँ,
उल्टियों का बोझ सारा मेरे सर पर फेंक देना ।

यह अदालत और मुंसिफ सब तेरे शागिर्द हैं,
क़त्ल कर देना बेशक इल्जाम मेरे सर पर फेंक देना ।

38. कोरोना काल

आख़िर कहाँ जा रही है दुनियाँ हमारी ?

बढ़ता हुआ कोरोना है, गरीबों में लगा रोना-धोना है।

गिर चुके हैं स्तंभ बड़े, बहुतों को अभी भी सोना है।

इस मतलबी दुनियाँ में क्या पाना, क्या खोना है।

आख़िर कहाँ जा रही है दुनियाँ हमारी?

ना चल रहे ,ना भाग पा रहे, ना जी पा रहे हैं सही से।

बता खुदा जाऊँ किसी दरगाह पर

या मंदिर में मन्नत माँगू मैं ?

भोले बन कर हे प्रभु तुम राह दिखाओ कहीं से।

मैं वह आसमाँ चाहता हूँ

जिसके नीचे मैं खुल कर जीया करता था।

मैं वह समाज चाहता हूँ पहले सा

जो बेफ़िक्र हुआ करता था, जो करने से पाप डरता था।

अंतरात्मा मेरी यह पूछ रही

अगर ज़िन्दगी को जीत भी लें, क्या हार जाएँगे मौत से ?

क्या पाप किया हैं हम सब ने जो गुजर रहे इस दौर से ?

इस काले दौर को देखा हमने, हमें दर्द महसूस कराए हो।

तुम रूद्र रूप अपना प्रभु, इस संसार के सामने लाए हो।

हवा भी है कितनी कीमती, यह पाठ तुम सबको पढ़ाए हो।

एक शांत-सा छोटा लड़का कर रहा है गुहार तुम्हारी,

कृपा करो करुणानिदान, लौटा दो हमें संसार हमारी।

39. साथ निभाने से रहे

अब तो हम तुम्हारे ख़्वाब सजाने से रहे,
क्योंकि तुम तो अब हमें बुलाने से रहे।

अगर हो सके तो तुम ही हमें याद ना आना,
ख़ैर, हम तो तुम्हें भुलाने से रहे।

तुझ से ऐसे बिछड़े कि हम सब समझ गए,
समझकर हम दूर सारे ज़माने से रहे।

तुम्हें तो याद होगा तुम्हें मैंने सब बताया था,
तुम्हारे बाद अब तो हम किसी को कुछ बताने से रहे।

हम जैसे भी है हमने हर वक़्त तुम्हारा साथ दिया था,
सब रिश्तों को हमने प्यार के धागों से सीया था।

बात कहीं थी तुमने इश्क़ जताने कि,
जब वक़्त आया, तुम तो साथ तक निभाने से रहे।

40. नर्क का सार

तुमने तो हर वक़्त हर मौके पर समझाया था माँ,
पर उसने पहले मुझे बहन कह कर बुलाया था माँ।

मैं नासमझ जो इतना तक ना समझ सकी कि
आज के इस घोर कलयुग में ख़ुद की बहन छोड़,
पर नारियों का इज़्ज़त लूट लेना
तो सरेआम बात हो चुकी है।

मैं,
जिसकी इज़्ज़त उस दरिंदे ने लूट लिया है
एक गुहार कर रही हूँ;

बहन तुम किसी पर ना करना क्योंकि
यहाँ लोग जिस्म बेचने वाली औरत को वेश्या तो कहते है,
पर ख़ुद उन मर्दों के लिए वैसा कोई नाम नहीं !

मैं अपने हर एक हमदर्दों से सवाल कर रही हूँ।
मैं तुम्हें समझने के लिए
ख़ुद की इज़्ज़त को यूँ तार-तार कर रही हूँ।
अब अगर कोई बहन भी बुलाता,
तो बार-बार डर रही हूँ।

उसने तो मुझे बहन भी बुलाया था
मैं जोरों से चिलाती रही थी,
पर फिर भी मुझको बहुत रुलाया था।

हिम्मत टूटती चली गई,
हड्डियों को मरोड़ता चला गया।
एक अबला नारी पर,
एक दरिंदा अत्याचार करता चला गया।

तब रूह और जिस्म का जर्रा-जर्रा डर गया,
जब अपनी बहन को बहन समझा,
मेरा बलत्कार एक दानव कर गया।

मैं जानती हूँ दरिंदगी भरी पड़ी है इन बुझदिलो में,
पर सुनो बहन मैं तुमको एक गुहार लिख रही हूँ;
तुम संभल के रहना क्योंकि
मैंने है महसूस किया अत्याचार,
तुम्हें चेताने के ख़ातिर मैं ख़ुद मुझपर बीते हुए
नर्क का सार लिख रही हूँ।

जीवन प्रयन्त शरीर के अंग-अंग दर्द में खोता है ।
ख़ामोश होते हैं लफ्ज़ पर हृदय बिलख-बिलख रोता है।
जो लड़कियों की इज़्ज़त ना करें,
क्या वहीं इंसान मर्द होता है?

41. प्यार

कि मेरे हिस्से कभी ना प्यार आएगा,
तुमको जब तलक ना एतबार आएगा।

फ़र्क़ नहीं पड़ता बदल जाए ज़माना,
तुम बदल गए तो ना करार आएगा।

ये तुम जान लो कि तुम्हारे लब हैं ज़रूरी,
यूँ मयकशी शराबों से कभी ना ख़ुमार आएगा।

कुछ मोहब्बत हिज़्र में भी करते हैं लोग
कुछ मेरे जैसे मोहब्बत का ना इश्तिहार आएगा।

तुम से मिलने का इंतज़ार है हमको,
कब इन मौसमों में बहार आएगा।

तुम्हें पाने की चाहत में आएँगे हज़ारों,
पर आकर्ष जैसा कोई ना बेक़रार आएगा।

42. प्रेम में पीड़ित

मैं लिख देता हूँ प्रेम को,
इतना सरल इसे समझता हूँ।
पक्षी करे प्रेम प्रकृति से,
उससे ज्यादा तुमसे प्रेम करता हूँ।

नाम क्या लिखूँ पन्ने पर तुम्हारा ,
उसी को शब्द "प्रेम" "प्रीत" लिखता हूँ।
इतना सरल है ये प्रेम
इसे मैं सब में बांट देता हूँ।

कहाँ तुम जंगलों, पहाड़ों को भटक रही हो
मेरे जख़्म के उपचार ख़ातिर ?
मैं प्रेम से नहीं, प्रेम में पीड़ित हूँ,
तुम प्रेम से इसका उपचार प्रेम से करो।

क्योंकि, होंठ चूमना तो लाज़मी हैं इस दौर में ,
मैं आज भी तुम्हारा माथा चुम,
तुमसे इश्क़ करना चाहता हूँ।

43. दर्द

सलीक़े जान लेने के भले अब जान जाओ तुम,
मगर फिर ये नहीं कहना कि तुमने जान ना ली है।

मैं देख तस्वीर तुम्हारा,
मुस्कुराए बैठा हूँ।
जानता हूँ खास नहीं हूँ तुम्हारे लिए,
फिर भी दिल को समझाए बैठा हूँ।

बेशक कर्जदार हूँ इस मतलबी दुनियाँ का,
मैं यूँ तुम पर जो हक़ जताए बैठा हूँ।
भले मैंने कुछ झूठ भी बोले होंगे कभी,
मैं आज खुद से सच बताए बैठा हूँ।

मैं सिर्फ करता हूँ तुम्हें ही याद,
सारी दुनियाँ-जहाँ मैं भुलाए बैठा हूँ।
कहने को तो सब कहते हैं, प्यार करते हैं
तुम मुझे देखो, मैं तुम्हें अपने दिल का खुदा बनाए बैठा
हूँ।

होंठो पर मुस्कान है,
दिल में दर्द सजाए बैठा हूँ।
मैं सिर्फ करता हूँ तुम्हें ही याद,

तुम्हें अपने दिल का खुदा बनाए बैठा हूँ।

44. जो मैं ना रहूँ

जहाँ से जाने के बाद भी सब याद करें,
वो ऐसा इश्क़ पिरो गया।

मैं ना रहूँ तो कह देना,
तारा था, अंबर में खो गया।

मुझसे जुदाई लिखनी थी,
वह लिखते-लिखते सो गया।

आज मैंने मुँह क्या फेरा आते वक़्त,
प्यार इतना करता कि रो गया।

सांसों की कड़ियाँ जोड़कर
इश्क के धब्बे धो गया।

जहाँ से जाने के बाद भी सब याद करें
वो ऐसा इश्क़ पिरो गया।

मैं ना रहूँ तो कह देना,
तारा था, अंबर में खो गया।
मैं ना रहूँ तो कह देना,
तारा था, अंबर में खो गया।

45. कुछ बातें तो थी उसमे

देख कर उसका मुस्कुराना, हाँ बात कमाल की है।
देखते हम जब भी उसको, लगती बेमुकम्मल ख़्वाब सी है।

समय से पहले आना उसका, हम पर वक़्त बिताना उसका।
हमको खुद-सी छीन कर, खुद हम पर हक़ जाताना उसका।

यूँ हमसे गुस्सा हो जाती थी वो,
हाँ सारी बातें बताती थी वो।
गलत कहूँ अगर एक लफ्ज़ भी मैं
तो सिर्फ प्यार ही प्यार समझती थी वो।

नीले अम्बार-सी वो सुन्दर लगती,
मुझे अपना लत लगवाया था।
कुछ तो बातें थी उस में,
हमें उतना प्यार दिखया था।

खुद के अपने तो अपने ही थे,
मुझ गैर को अपना बनाया था।
कुछ बातें तो थी उसमे,
मुझे उतना प्यार जताया था।

46. अपने लोग

क्यों बदल जाते हैं अपनों का अपनों के प्रति जज्बात?
क्यों सब मतलबी ही हैं इस जहान में?

हाँ शायद क्योंकि हमें परख नहीं शख्सियत की,
हाँ शायद हमें परख नहीं किसी के अहमियत की।

मिजाज़, रंग, रूप और चाल-ढाल पूछते हैं,
लोग तरसती निगाहों से कितने सवाल पूछते हैं ।

कभी इशारों, कभी बातों
कभी मन की आँखों से घूरते हैं,
लोग अक्सर शख्सियतों को उनके जिस्म से बूझते हैं।

अगर यकिन करो तो शायद तारे भी टूटते हैं,
देखो कितने गिरे हुए है इन्सान यहाँ,
अपना बनाकर अक्सर अपनों को लूटते है।

47. आख़िर क्यों

ना हाथ ही मेरा थामा तुमने,
ना भाग्य की रेखा साथ हुई।

ना पाँव धरे घर में मेरे,
क्या कुदरत की करामात हुई।

दिखता ना झलक तुम्हरा कभी,
ना मेरी तुमसे मुलाकात हुई।

जब-जब आई तुम ख़्वाबों में
तब चाँदनी मेरी हर रात हुई।

प्यार भरा तब नस-नस में,
जब भी तुझ से मेरी बात हुई।

हृदय को मिली शितलता,
पर आँखों से खुब बरसात हुई।

तुम ने जब मुड़ के देखा एक झलक,
सजी शीतल मेरी तब रात हुई।

48. व्यापार

एक मकान में ये कारोबार हो रहा था,
सिर्फ झूठ से भरा बलिहार हो रहा था।

मैं चाह रहा था भला ख़ुद से पहले सबका,
शायद यहीं ग़लत मैं बार-बार हो रहा था।

ख़ुद से मिला तो जाना बंदा कमाल हूँ मैं भी,
यूँ ही दूसरों पर ख़र्च मैं बेकार हो रहा था।

ऐ ख़ुदा खैरियत जो संभाल लिया तूने,
बेफ़िज़ूल साजिशों का मैं शिकार हो रहा था।

मैंने बनाई कुछ फिर उन अपनो से दूरी,
रिश्ता नहीं जहाँ व्यापार हो रहा था।

49. सिर्फ मेरे हो जाओ

यूँ दूर क्यों खड़े हो?
जरा पास मेरे आओ।
दरमियाँ जो है दुरी,
चलो तुम उन्हें मिटाओ।

जो ख़्याल दिल में हो,
आज मुझको सब बताओ।
हमको ख़ुद में शामिल कर,
तुम सिर्फ़ मेरे हो जाओ।

हमको ख़ुद में शामिल कर,
तुम सिर्फ़ मेरे हो जाओ।

क्योंकि,
मेरे सारे गमों पर तेरी एक मुस्कान भारी है।
कहीं नज़र ना लग जाए तुझे, तू कितनी प्यारी है।

तुझे देख भर लेने से मैं खिल-सा जाता हूँ,
देख मुझे तुझसे कितनी यारी है।

50. सिर्फ तुम

मेरे पढ़े हर एक नज़्म में,
सिर्फ तुम्हें ही पढ़ना चाहता हूँ ।
मैं हर ग़ज़ल में अपने,
तुमको ही लिखना चाहता हूँ।

गर हो तुम्हारे दिल में ज़रा भी जगह खाली ,
मैं बेशक उसमें बसना चाहता हूँ।
मेरा तन हो गया है पत्थर प्रिये,
पानी बनकर अब बहना चाहता हूँ।

मेरे अन्दर समा चुके है
दुःख के बादल हज़ार,
अब मैं तेरे हिस्से का दुःख भी
मुझमें समेटना चाहता हूँ।

रटी पड़ी हैं तेरे शहर की गलियाँ,
बनकर अंजान फिर भटकना चाहता हूँ।
सुना है वक़्त के चलते होती है दोबारा मोहब्बत,
दोबारा मोहब्बत भी मैं तुम्हीं से करना चाहता हूँ।

51. बदलता वक़्त

अब कैसे-कैसे तिलिस्म नज़र आने लगे हैं।
अब तो ख़्वाब भी बुरे और हज़र आने लगे हैं।

उन्हें आँखों में रखें, घर में या तिजोरी में
जो उन्हें हमसे चुराए ना कोई।
अब हम ख़ुद उनकी बदलती अदा से घबराने लगे हैं।

जाने कैसे-कैसे ख़्याल मन में आने लगे हैं।
अब तो जो मेरे सबसे करिब थे,
हम ही से नजरे चुराने लगे हैं।

घनी जुल्फें बड़ी आँखें चाँद -सा रोशन चेहरा,
तुम मेरी मानो तो पर्दा करो,
लोगों के इरादे डगमगाने लगे हैं।

52. लोग कितने !

अपनी बातों से मुकर जा रहे हैं लोग कितने,
अब हमको छोड़ कर जा रहे हैं लोग कितने।

तनहाई, नाउम्मीदी और साथ मायूसी लिए,
मरने से पहले ही मर जा रहे हैं लोग कितने।

मोहब्बत में हम जैसे नहीं हुए कितने बर्बाद,
मोहब्बत में भी सँवर जा रहे हैं लोग कितने।

जिनका मिलना कभी क़िस्मत में हो भी सकता है,
उन्हें खोने से ही डर जा रहे हैं लोग कितने।

यार क्यों है तुमको आने वाले कल की फ़िक्र,
वक़्त से पहले ही गुज़र जा रहे हैं लोग कितने।

जिन-जिन को था दिल से कभी उतारा हमने,
आज नज़रों से उतर जा रहे हैं लोग कितने।

53. हमें मिलना होगा

यार ज़िन्दगी के हर अजनबी मोड़ पर
हमें साथ चलना है।
हालात जो भी हो,
हमें एक दूजे का सहारा बन सम्भलना है।

सूरज-सी तपिश रखनी है हमें, हमें शबनम-सा पिघलना है।
हमें हर सफ़र में हमेशा एक दुसरे का हाथ पकड़ना है।

ज़िन्दगी में हमें बहती हवा की
अहमियत को समझना है।
इस सफ़र में हमें टूटना है,
बिखरना है फिर भी हवाओं-सा बहना है।

रिश्तों की डोर से हैं ये रास्ते,
हमें गिरकर ख़ुद ही संभलना है।
हमें एक दूजे को समझकर
एक सिक्के के दो पहलू बनना है।

एक साथ जीना है,
हमें एक दूसरे के धड़कनों में धड़कना है।
नदी के दो किनारों-सा होकर भी
हमें आख़िर में ज़रूर मिलना है।

54. फिर कैसा अपनापन

कई मर्तबा देखा है मैंने कि
शायद उसे मेरा ख़्याल तक नहीं होगा।
ज़वाब की बात छोड़ो,
उसका मुझसे कोई सवाल तक नहीं होगा।

उसे दिन-रात सोचकर
अपनी कविता मुक़म्मल करता आ रहा हूँ मैं,
दरियादिल एक वह भी है,
जिसे आकर्ष को खोने का मलाल तक नहीं होगा।

ज़रूरत के दो पल में लोग
प्यार के सारे पल भुला देते हैं।
गलतियों करते है दोहराते भी हैं,
बेवजह, दिल को जला देते हैं।

थोड़ा-सा हक़ माँग के देख लिया है,
लोग हमे हमारी जगह दिखा देते हैं।
बड़े अजीब है वह लोग जो मेरे अपने हैं,
अपना कहते भी है और दिल हमारा दुखा देते हैं ।

55. दुनिया है, जीना है

जिनके लिए लिखता रहा, लड़ता रहा,
उनसे नहीं आज ख़ुद से शर्मिंदा हूँ।
अब बेजुबान हूँ
मैं क्या कहूँ और ना कहूँ।

कोशिश बहुत की मैंने,
उसके मज़ाक पर आँसू ना बहाने की।
कोशिश बहुत करूँगा मैं,
वैसों से दुरियाँ बनाने की।

कहने को थम-सा गया सब
पर ना आँसू रूके ना हम।
कोशिश बहुत की मैंने
आज मुझसे ही नजरे ना चुराने की।

होता है, चलता है,
दुनिया है, जीना है।

56. बदलते रिवाज़

कैसे लिखूँ एक दास्तान तेरी मेरी,
ये चंद पन्नों की मोहताज़ तो नहीं।

कैसे शुरू करूँ सारी बातें फिर से,
ये कहानी का कोई आगाज़ तो नहीं।

कैसे भूल जाऊँ सारे कसमें वादे,
मैं बदला हुआ कोई मिजाज़ तो नहीं।

पर छूट गया हो कोई भूला दो उन्हें तुम,
ऐसा भी लिखा कहीं रिवाज़ तो नहीं।

अब लगता है जैसे कोई पुकार रहा है मुझे,
कहीं ये मेरे टूटे दिल की आवाज़ तो नहीं।

57. रुक्मिणी हो तुम

दूरियाँ परेशानियाँ और मजबूरियाँ,
ये सब बस कहानी है।
कहते हैं लोग कि सच्चे प्यार की एक ही निशानी है ।

जो समझ जाओगे प्यार को हमारे
तो रुक्मिणी हो तुम।
वरना तुम्हारे इस कृष्णा की
हज़ारों गोपियाँ दीवानी हैं।

सीने से लगा लेंगे तुम्हें,
तुम आओ तो माने।
ख़त्म कर देगें सारी परेशानियाँ,
मजबूरियाँ और गलतफहमियाँ,
सच हमसे बताओ तो मानें।

कहते हो विश्वास नहीं करते तुम्हारा
दिल से यही सवाल पूछ
उत्तर उसका लाओ तो मानें।

कहने को तो सब जान दे देते हैं प्यार में प्रिये,
जैसे बन बैठी हो मेरी,
किसी गैर की जान बन के दिखाओ तो मानें।

58. तेरा इश्क़ ख़ुदा है

मैं फ़र्श से अर्श की दूरियों में भी
सिर्फ़ तुझे याद करता रहता हूँ।
मैं मोहब्बत का मारा सिमटता हूँ
फिर टूटकर बिखरता रहता हूँ।

मुझे हमेशा तुझसे बेशर्त, बेवजह,
बेहिसाब, बेहद मोहब्बत रहा
पूछता हूँ क्यों?
तो तेरा इश्क़ इबादत है
हर दफ़ा ये ख़ुद से कहता रहता हूँ।

मेरे चेहरे की उदासी को तू ख़ुद
हँसकर पल भर में मिटा देती है,
क्या है तुझे मालूम,
जो मैं तेरे बिना अंदर ही अंदर
ख़ुद टूटता बिखरता रहता हूँ।

बातें सोचते-सोचते कभी-कभी
मेरे माथे पर शिकन आ जाती है।
मेरी आवाज़ मुझे ही जब उदास लगे
तो हर बार उदासी की वज़ह मैं मुझसे ही पूछता रहता हूँ।

मैं तुझसे बेपनाह मोहब्बत करता हूँ,
ये सच है कि हर पल खोने से तुझे डरता हूँ॥

मेरे हमनफ़स तू जो कहती थी,
दोस्ती में भी वफ़ा होनी ज़रूरी।

वफा तो रही,
पर मेरी ख़ुशी मुझसे ही बेवफ़ा हो गईं।

ऐसा क्या गुनाह किया खुदा मैंने,
जो ज़िन्दगी तू ही मेरी मुझसे ख़फ़ा हो गईं?

59. मुमकिन नहीं

उसका हमेशा मेरे पास होना मुमकिन नहीं लेकिन फिर भी
हमेशा धड़कनों में एक अलग सुकूँ आता है,
उसके पास आने की आहट से।

धड़कनें कई दफ़ा सिमटती है
फिर अचानक टूटकर बिखर जाती है,
उसके दूर बढ़ते कदमों से आवाज़ करती
पत्तियों की सरसराहट से।

मैं तो क्या मेरी क़लम, मेरे लफ़्ज़ों में भी
एक उदासी-सी छा जाती है,
मंदिरों, मस्जिदों में किये मन्नतों से
उसे पाकर खोने की घबराहट से।

उसका मेरा हाथ पकड़ कर समझाना
मेरी रूह छू लेना बेहद पाकीज़ा है।
मेरी रूह को सुकूँ मिलता है,
उसका मेरे हाथ पकडने की गरमाहट से।
वो मुझे बहुत अपना-सा लगता है
इसलिए खोने से डरता हूँ उसे मैं
कई दफ़ा वह प्यारी नजरों से देखाती है,
मुझे मेरे पैरों की थरथराहट से।

60. परछाई हो तुम

तुम मोहब्बत हो, मेरी बिनाई हो तुम,
छोटी-सी ज़िन्दगी की कमाई हो तुम।

तुम से मिल कर ऐसा महसूस किया
जैसे किसी कैदी की रिहाई हो तुम।

साथ रहती हो अक्सर यादों में मेरे,
तुम दूर हो फ़िर भी परछाई हो तुम।

क्या कहूँ मैं कितना पागल हो जाता,
जब सामने लेती अंगड़ाई हो तुम।

मैं ख़ुशनसीब हूँ कि मैं तुमसे मिला,
ख़ुशनसीब हूँ मेरी खुदाई हो तुम।

तुमने फिर से है जीना सिखाया मुझे,
ज़िंदगी में फ़िर से ख़ुशियाँ लाई हो तुम।

61. मेरी परवाह नहीं

एक वक़्त था जब तू भागा चला आता था,
सिर्फ सुन के मेरी आहट।
अब मैं जहाँ कहीं भी जाता हूँ,
तू वहाँ से दुर चला जाता है।

छण भर को भी दूर न होगें,
यही किया था वादा हमने।
पर अब ये दूरी तुझसे मजूर नहीं,
जो अन्तर्मन दुखाता है।

बेहद करता प्यार मैं तुमसे, ये तो तुमसे छुपा नहीं।
क्या तुमको मेरी परवाह नहीं?
दिमाग है करता सवाल-ए-जरह,
दिल को बड़ा रुलाता है।

है तुमको भी थोड़ा -सा प्यार,
पर प्यार के चलते दिक्कत हज़ार।
फिर भी मैं करूँगा इंतज़ार,
हाँ ये दिल दिमाग़ को बताता है।

दिन तो कट जाता है
तुझे अपनी आँखों से देख कर।

पर रातों की खामोशियों में तेरी यादों का खुबसूरत महक
मन को भंवरा कर जाता है।

उठूँ तो तुझसे, खो जाऊँ तो तुझमे,
दूर होने का ख़्याल कभी ना आता है।
दुरियाँ बढ़ते दिखती है जब, दिल मेरा बड़ा घबराता है।
तुझे सोचता है हर वक़्त, हर वक़्त दिल रोता जाता है।

मन ही मन दिल-दिल से,
बेइंतेहा प्यार जताता है।
जो इतना करता प्यार है तुमसे,
कभी शायर बन जाता है,
कभी आकर्ष कहलाता है।

62. हम तेरे हैं

बुखार के कुछ रोना भी आया
जब छूटा संग और उनका साया।

कुछ सिसकियाँ लिए और अन्ततः सो गए,
हम ज़िन्दगी में सिर्फ़ तुम्हारे हुए, तुम में ही खो गए।

पर फायदा नहीं है बताने में उनको,
दिल ने उनके लिए कितने दर्द झेले हैं।

बात एक ही कहेंगें जब मिलेंगें उनसे हम,
खुदा क़सम हम तेरे थे, हम तेरे हैं।

मैं तुझे सोच कर आज भी रो देता हूँ
जब भी याद आते हैं प्यार के हमारे अफ़साने सारे।

तेरे पास होने के एहसास से खिल जाता है आकर्ष,
बैठे पास मेरे, कर दे दूर मर्ज़ से मेरे याराने सारे।

जो एकबार छोड़कर चले जाते है कब वापिस आते है,
तुझे तो लौटने का हक-हौसला दिया है मेरे वफ़ा ने सारे।

होगें इश्क़ मोहब्बत करने वाले तमाम शख़्स ,

जो तुझे मुझसा प्रेम करे, कोइ न होगा जहाँ में सारे।

मैं जितना लिख सकता था सोच के चेहरा तेरा,
लिख डाले है तेरे मेरे प्यार के फसाने सारे।

बस तेरे पास होने के एहसास से खिल जाता है आकर्ष,
बैठे पास मेरे, कर दे दूर मर्ज़ से मेरे याराने सारे।

63. ख़्वाब-ओ-ख़्याल

तुम्हारा ख़्याल आने के ठीक पहल
मुझे कुछ डर-सा लगता है,
वो ख़्याल अब मुझे मेरी तन्हाई का सफ़र-सा लगता है।

उस ख़्याल के आने तक जैसे मैं ठीक रहता हूँ,
आ जाए जैसे ही ख़्याल तुम्हारा
फिर अकेलेपन का असर-सा लगता है।

पर फिर भी तुम्हारे ख़्यालों से
दूर जाने का मन नहीं करता,
जैसे मैं थक चुका हूँ और
तुम्हारा ख़्याल मुझे घर-सा लगता है।

क्योंकि यादें जितनी भी है जो भी है, अच्छी-भली है,
हाँ ग़म होता है थोड़ा,
पर फिर बाद में बेहतर-सा लगता है।

सच बताऊँ तो अब मैं ख़ुद्को,
ख़ुद ही समेट लेता हूँ।
बिखर जाने के बाद, मैं अब अकेला रहता हूँ,
पर तेरा शहर मुझे मेरे ख़ुद्के शहर-सा लगता है।

खैर बातें तो बहुत हैं ज़िन्दगी में कहने और सुनने को,
एक वक़्त में सब लिखना हो तो,
तुम मेरी अच्छी दोस्त और
हमारा रिश्ता बेहतरीन सफर-सा लगता है।

64. कोई ख़्वाब है

ग़र तुम्हारे पास मोहब्बत की कोई पुरानी
रूहानी क़िताब है तो बताओ।
मोहब्बत को बयाँ करे ऐसा कोई भी
एक अल्फ़ाज़ है तो बताओ।

सवाल हैं मेरे कैसे तुम्हें हर ख़ुशी दूँ
मैं हर ख़्वाब तुम्हारा पूरा करूँ।
तुम्हारे पास मेरे दिल में उठे हर एक
सवाल का जवाब है तो बताओ।

मैंने हर बार पूरी कोशिश की
तुम्हें समझने की भी तुम्हें समझाने की,
ग़र मेरी फ़िक्र में कोई कमी रही कभी
उसका कोई हिसाब है तो बताओ।

तुम कहती थी मेरा साथ होना
तुम्हारी धड़कनें मुकम्मल करती है,
मुझसे कहो तो जो मैं पूरा कर सकूँ
ऐसा कोई ख़्वाब है तो बताओ।

65. प्यार नहीं मिला

डूबते हुए शख़्स को न जाने क्यों किनारा नहीं मिला,
शायद बरसात की रात थी, कोई इशारा नहीं मिला।

मोहब्बत के ये किस्से-कहानी यूँ ही तो अधूरे नहीं रहते
होंगे,
बिछड़ा जो एक बारी उनसे, वह शायद दोबारा नहीं मिला।

यूँ ही तो नहीं लोगों ने अपनों के लिए
अपनी मोहब्बत छोड़ दी होगी,
फिर उन्हें अपनों का भी कभी सहारा नहीं मिला।

लगता है ये गज़लें ये नज़्में मेरी
एक अरसे से मुकम्मल नहीं हुई है,
शायद उन्हें आजकल कोई मोहब्बत का मारा नहीं मिला।

लोग बेवजह ही सब कुछ
क़िस्मत के भरोसे छोड़ देते हैं,
शायद उन्हें मेरे जैसा कोई
क़िस्मत से हारा नहीं मिला।

66. तुझमे खोने दे मुझे

आँखें है फरेबी ही लूटकर ही मानेगी।
तड़पता है बेचारा दिल मेरा
ये कैसे आख़िर जानेंगी।

ज़रा नाज़ुक है मेरा दिल
कहीं ये घायल न हो जाए,
महबूब की अदाएँ देख
कहीं ये पागल न हो जाए।

तेरी साँसों से बहक जाऊँ,
चल अब आवारा होने दे मुझे।
मुझे खुदमे खोना पसंद नहीं,
अब तुझमे खोने दे मुझे।

67. सितमगर समझते हैं।

कुछ मुरझाए हुए फूलों को गुल-ए-तर समझते हैं,
किराए के मकानों को अपना घर समझते हैं।

यहाँ पत्थर दिलों को लोग समझते हैं ख़ुदा,
नरम दिलों को लोग सितमगर समझते हैं।

जानता हूँ कि तू भी छोड़ जाएगा एक दिन,
इश्क़ सच्चा है मगर हम अपना मुक़द्दर समझते हैं।

उन्हें बारिशें नहीं आँसुओं ने है खारा किया,
जिन्हें लोग ग़लत फ़हमी में समंदर समझते हैं।

है काट दिया दरख़्तों को सड़कों ने अक्सर,
साथ परिंदों का भी घर कटा ये शज़र समझते है।

हर जो मयखाने में है उसे समझते हैं शराबी,
और हर टूट हुए दिलों को सुख़नवर समझते हैं।

68. तुम्हें खोना नहीं चाहता

मैं तुम्हें कभी खोना नहीं चाहता,
ख़फ़ा हो तुम, जानता हूँ मेरी गलतियों पर
तो सुनो तुम मुझको माफ़ करो।

जो बढ़ रही गलतफहमियाँ ग़र हमारे दरम्यान,
चलो साथ बैठे, ग़लतफ़हमियों साफ़ करो।

फिर भी ना माने दिल तो सजा देना,
लेकिन कभी ना रूठना की तुम मुझे रज़ा देना।

क्योंकि रूठने मनाने में ज़रा कच्चा हूँ मैं,
ये तुम भी हो जानती, लेकिन दिल का अच्छा हूँ मैं।

करो आज एक वादा तुम मुझसे,
ग़र हो भी जाऊँ मैं कभी ख़फा तुमसे,
थाम लोगे हाथ मेरा और मना लोगे रिश्तों के भंवर में,
पकड़े रखोगे हाथ मेरा, नहीं छोड़ोगे साथ मेरा।

मुद्दतों बाद भी मिलो तो कभी दूर होना नहीं चाहता,
आकर्ष तुम्हें किसी क़ीमत में खोना नहीं चाहता।

69. मैं सदा तुम्हारा हूँ

तुम जैसे नदी का बहता शीतल जल,
मैं ठहरा हुआ एक किनारा हूँ।

तुम हो जैसे तारों भरा खूबसूरत आसमां,
मैं पुरा हूँ कभी-कभी, कभी आधे चाँद का नज़ारा हूँ।

तुम जैसे मेरे हर मौसम की शीतल हवा,
मैं ख़ुद ही बादल एक आवारा हूँ।

तुम जैसे दीपक का उजाला मेरे ख़ातिर,
मैं लौ की परछाई का एक अंधियारा हूँ।

बेहद पास हैं हम इन दुरियों के बाद भी,
ये दूरियाँ मुझे सताती बहुत है।
पर सुनो,
मैं फिर भी सदा तुम्हारा हूँ,
मैं फिर भी सदा तुम्हारा हूँ।

70. ये ज़माना हमारा है

दर्द में भी मेरा काम मुस्कुराना है
फ़ितरत फक़त मेरा दोस्ताना है।

मदद नहीं कर सकूँ तो दुआ करूँ,
स्वभाव मेरा ये बहुत पुराना है।

एक फूल की तस्वीर है मेरे कमरे में,
अब यहीं मेरा चराग़-ए-ख़ाना है।

गिराना कभी किसी को सिखाया नहीं,
मैंने सीखा हरदम हाथ बढ़ाना है।

सबकी दुआओं से मैं शायर बना,
दोस्त,बस यहीं मेरा अफ़साना है।

क्यों लड़े हम इस ज़माने से भला,
हम इस ज़माने के हैं और ये ज़माना हमारा है।

71. मुझमें कोई बुराई है

आज मुद्‌दत बाद क़लम उठाई है।
मैंने मन मंदिर में तेरी ख़ूबसूरत तस्वीर बनाई है।

तूने जब ख़्वाबों में मुझे सीने से लगाई है,
सोई हुई मेरी थकी, उदास रूह भी मुस्कुराई है।

मैं कैसे गुल-सा खिला रहता हूँ हमेशा देख तुझे
क्या हसीन तेरी अश्नाई है।

तुझे देखता हूँ तो ऐसा लगता है,
जमीं पर जैसे एक अप्सरा उतर आई है।

जब भी तेरी तारीफ़ लिखता हूँ तो
सब मुझको ही समझते हैं एक लड़का खराब,
बताना पढ़ के, क्या मुझमें कोई बुराई है?

72. तुम्हें दिल में बसाऊँ मैं

चुपके से देखा करूँ, जो मिले नज़र तो इतराऊँ मैं।
कि रोज़ कितने चोट खाऊँ मैं,
अपने दिल का दर्द छुपाऊँ मैं।

अब हिज़रत नहीं सही जाती,
ख़ुद को कितना समझाऊँ मैं।
यार तुम भी हो मेरे पास नहीं,
अब किसको गले लगाऊँ मैं।

अब कोइ नहीं है साथ मेरे,
किसको अब हाथ अपना थमाऊँ मैं।
तेरी सलामती की दुआ करूँ,
तुम्हें दिल में सदा बसाऊँ मैं।

तेरे हँसने से हम खिल उठते,
और तेरे रोने से मुरझाऊँ मैं।
इश्क़ करें हम बेवजह-बेइंतहा तुझसे,
तू ही बता प्यार कैसे अपना जताऊँ मैं?
जिन्दगी तेरे नाम करूँ ,
या तुझपर मरते मरते, तुझ पर ही मर जाऊँ मैं।

73. क्या सच है?

गुज़र गया वह भी मेरी उदासियों से,
ठहर कर उसने भी परवाह दिखाना नहीं चाहा।

वो करता था प्रेम मुझसे
ये ख़्याल रखता हूँ आज भी दिल में दबा के,
क्या सच है, क्या फ़रेब उसने कभी बताना नहीं चाहा।

चलो मानो मेरी गलतियों से नाराज़ हुआ हर बार वो,
क्यों फिर सामने अश्क़ बहाना नहीं चाहा।
क्यों उसने मुझे समझाना नहीं चाहा?

हृदय की पीड़ा आंखों में समंदर-सी भर गयी,
दर्द की तमाम घड़ियों से मेरी रूह भी डर गयी,
जब कहता ही था मैं कि सब कुछ है मंजुर मुझे,
क्या फिर ख़ुद को मुझसे दूर कर,
उसने मुझे सताना नहीं चाहा?

अब प्यार की कद्र ही नही,
और कहाता है कि जैसे उसने मुझे रुलाना नहीं चाहा।
सच तो ये है, उसने कभी प्यार हमारा बचाना नहीं चाहा।
कभी प्यार बढ़ाना नहीं चाहा।
उसने कभी उम्र भर का इश्क़ मुझसे निभाना नहीं चाहा।

74. तुम्हीं हो दुनियाँ जहाँन

अब हमारा दर्द-ए-दिल छुपाना मुश्किल है,
तुम्हारे बाद हाल क्या है मेरा, बताना मुश्किल है।

तुम्हें बिन देखे तो रहना है मुश्किल बडा,
तुमसे अब नज़रें मिलाना भी मुश्किल है।

तुम्हारे बाद किसी का मेरे जीवन में,
लिख लो कि आ जाना मुश्किल है।

आँखों में सिर्फ़ रहती हो तुम
हाँ अब तुमसे नजरें चुराना भी मुश्किल है।

दरिया को सागर मिल जाता ही है कहीं कभी,
हम बंजारों का जैसे ठिकाना मुश्किल है।

हमारा तुम्हारे दिल में, अब बस जाना मुश्किल है।
जब तुम्हें दिखाती ही नहीं नम आँखें हमारी,
फिर तो कलेजा चीर, प्रेम दिखाना मुश्किल है।

तुम्हारा आजीवन हक़ है हम पर सनम पूरी तरह से,
तुम पर हक़ मेरा, माना अब जताना मुश्किल है।

मेरी मंज़िल तुम्हीं,तुम्हीं हो दुनियाँ जहाँ,
तुम्हें प्यार करके, चाहूँ तो भी भुलाना मुश्किल है,

तुम्हारे सिवा दिल में किसी गैर को बसाना मुश्किल है।
जो मैंने एक दफ़ा कह दिया कि प्यार है तुमसे,
आकर्ष का उसके बात से मुकर जाना मुश्किल है।

75. तुम जीत गई

अब रूठे यारों को मनाने की है रीत गई,
तुम बिन रात मुश्किल थी बड़ी, पर बीत गई।

यार कितनी दफ़ा मोहब्बत में तुमसे हारा हूँ मैं,
तुम बस आई और मुझसे हर बाज़ी जीत गई।

तुमको पा लूँ तो मुझको जहाँ मिल जाए,
ख़ुद को खोने की वैसे भी अब रीत गई।

मौसम, वादें बदलते है तो इंसान बदल जाता है,
दिल बदलता है तो धड़कन से हमारी प्रीत गई।

तुमसे दूर होना समझो कुछ वैसा ही था,
जैसे गायक की ज़िंदगी से हो संगीत गई।

जिस प्यार से जहाँ जीतना था उसे,
उस प्यार में नहीं, उस प्यार से हार गया आकर्ष।

तुम खुब खिलो, छू लो आसमान
मैं हार गया, तुम जीत गई।
मुझसे मेरी प्रीत गई,
तुम जीत गई! तुम जीत गई।

76. इंसानियत

सड़क पार करता एक कुत्ता,
उम्मीदें झिलझिलाती कि
उस तरफ़ फेंके होंगे, किसी मानव ने बासी परांठे।
कि परांठे न सही,
सूखी रोटियों की कुछ तो ख़ुशबू होंगी कुड़ों में।
कि कुछ न सही वार्ता तो होगी हमदर्दों से।

धड़ाक से ठोकर मार देता है वो
जिसने बनाई है अपनी सड़क
अपने अंधेपन के लिए।
अब लाल मांस में पड़ा है
सुनहले बालों वाला स्वपनिल हसमुख स्वान।

ताज्जुब है मुझे उन कमबख्त सड़क वालों पर,
अब उससे किनारे होकर निकल रहे, बच बचा कर,
" मानो हाँ सड़क अब कुत्ते की है मर जाने के बाद "

77. हमें मुस्कुराना होगा

क़सम खाई थी तो फिर साथ निभाना होगा,
आँखों और ख़्वाबों में तुम्हें बिन कहे ही आना होगा।
लोग पूछेंगे दिल का हाल बड़ी बेशर्मी से,
हमारे प्यार का राज़ ज़माने से तुम्हें छुपाना होगा।

मेरे दिल में तेरी तस्वीर बस गयी है अब तो क्या करु,
दिल-ए-बेताब को पलकों पर हमें उठाना होगा।
प्यार बढ़ता रहे ये बात कही थी तुम ने ही याद करो,
क्या हमको इस बात को हर रोज़ दोहराना होगा?

अजब हालात थे जिन्होंने दूरियाँ पैदा की बीच हमारे,
तुमको, खिली बहार, को इस घर में मुझे बुलाना होगा।
घने बादल कभी सूरज को ढाँप लेते हैं,
रूठने वाली हर एक रुत को मुझे मनाना होगा।

मुझे तुमसे बेहद प्यार करते जाना होगा,
किए हर एक प्यार के वादें को निभाना होगा।
मैं गिर जाऊँ सबके नजरों में तो भी मंजुर मुझे,
मुझे तुम्हें हर हाल में समझाना होगा।
प्यार अपना तुम्हें दिखाना होगा,
कितना ख़्याल है तुम्हरा ये जताना होगा।
रूठने वाली हर एक रुत को मुझे मनाना होगा।

78. मुझे मनाना नहीं आया

रूठ जाती है ज़िंदगी मुझसे,
क्यों मुझे मनाना नहीं आया।
वो क्या चाहती है मुझसे,
मुझे शायद जताना नहीं आया।

शायद दुखाया है मैंने देखो दिल बहुत अपनों का,
शर्मिंदा हूँ अपने कर्मों पर,
मुझे अपनी खामियों को छुपाना नहीं आया।

चर्चा है अब ये बाहर,
दिल है मेरा पत्थर सा,
चोट लगी है गहरी बडी,
मुझे सामने कभी दिखाना नहीं आया।

ज़िंदा हूँ मैं शायद यादों में और यादों से उसकी अब भी,
मोम-सा था नाज़ुक रिश्ता हमारा
जो मुझे ही निभाना नहीं आया।

दिल में मेरे कितना प्रेम भरा है उसके ख़ातिर,
ये मेरा ख़ुदा ही जानता है,
शायद नहीं हूँ तेरे काबिल,
सच है कि मुझे कभी बहाना बनाना नहीं आया।

बिखर रहा हूँ देखो हौले-हौले कितने अच्छे से
कांच के टुकड़ों के मानिंद में भी,
मोहब्बत चीज़ है सच में बहुत ऊँची,
और आकर्ष को यहाँ दिल लगाना नहीं आया।

79. देख लेना तुम

तेरे दिए ग़म हम हँस कर सहेंगे, देख लेना तुम।
तेरे करिबी सब मुझको पागल कहेंगे,
देख लेना तुम।

अभी तो बस मैं ही सिर्फ़ रो रहा हूँ ना,
चोट खओगी तो अश्क़ तुम्हारे भी बहेंगे,
देख लेना तुम।

सच्चा प्यार ही मुक़म्मल खड़ा रहेगा हर पल साथ तुम्हारे,
और तुम्हारे सब झूठे रिश्ते वादे ढहेंगे,
देख लेना तुम।

जो साथ तुम्हारे अपने बनने का ढोंग रचाए हुए है,
मैं ही दर्द तेरे सहने को तौयार रहूँगा,
दर्द वो ना सहेंगे,
देख लेना तुम।

और तब तुम सिर्फ़ देखना, मुझसे कुछ पूछना नहीं,
हमने तुमपर जान लुटाई है, हमसे तुम क्या पूँछोगे?

क्या इश्क़ प्यार मोहब्बत, वोहब्बत और वफ़ा पूँछोगे।

माना हाल भी पूँछना है लाज़मी मगर
किसी दिल बिखरे की क्या रज़ा पूँछोगे।

अच्छी लिखी मैंने ग़ज़लें ये बता दिया,
हमने सही है कितनी, क्या यहीं पूँछोगे।

यार रहते थें हम भी तेरे दिल में कभी,
हम बंज़ारों की क्या अब पता पूँछोगे।

ख़ुश लहज़े में तो हम भी तुमको याद नहीं,
ग़म के साए में क्या आकर्ष को हर दफ़ा पूँछोगे।

80. क्यों इतनी रुस्वाई है

देखो सबने तो फ़क़त हारा है दिल यहाँ-वहाँ,
सुनो, हमने तो तुमपर अपनी जान लुटाई हैं।
महफ़िल में होकर भी संग तुम्हारे,
आज हिस्से में मेरे बची महज़ तन्हाई है।

मैं तुम्हारे दिल के आँगन में
अपने प्यार के पौधे लगाता रहा।
वक़्त ऐसा आ गया मेरी जान
कि मेरी ज़िन्दगी अब मुरझाई है।

इल्म हुआ इस बात का कि
सब मतलबपरस्त है तेरे सहर में।
अपना कौन, कौन पराया
सबकी पहचान वक़्त ने हमें करवाई है।

फकत झूठी तसल्ली ही देता हूँ
मैं ज़माने भर के लोगों को।
दर्द छुपा दिल में कितना है,
यह बात यहाँ किसने समझनी चाही है।

हर पहर चुभता है सीने में
एक ख़्वाब जो तुमने सजया था।
मैं कहूँ किसी से तो भी ये
नजरों में मेरी तमाशाई है, तौहिनाई है।

जो साथ हैं वह भी छोड़ देगा हाथ तुम्हारा वक़्त आने पर।
ये बात मैंने नहीं, सांझ सुखनवरों ने मुझे बताई है।

देखो वह भी कितने आसानी से बदल गया समय के साथ,
जो कहता था मैंने तुम्हारे साथ
जीने-मरने की क़सम खाई है।

तुमसे प्रेम का जुर्म किया भरपुर किया,
जिसकी सज़ा आकर्ष ने पाई है।

मुझे तोड़ते ,बेज़ार करते वक़्त
उसे ख़्याल तक नहीं आया मेरे प्यार का।
अगर था पहले प्यार ज़रा भी,
फिर क्यों अब इतनी रुस्वाई है?

81. उसे मनाऊँ कैसे मैं

अपना बेवजह प्यार उसे जताऊँ कैसे मैं?
कितना प्यार है उस से, उसे बताऊँ कैसे मैं?

मंजूर है कि सजदे में सर झुकाऊँ उसके,
पर वह एक अरसे से रूठी है, उसे मनाऊँ कैसे मैं?

जो लिखा है हमेशा उसी के लिए रात-रात जग कर,
वो गीत मेरे मोहब्बत के उसे सुनाऊँ कैसे मैं?

हैं संजोया उसे अपने जिस्म में जान की तरह,
वो धड़कनों में भी बसती है,
उसे सीना चीर ये दिखाऊँ कैसे मैं?

मुझे मिलता है सुकून डूब कर आँखों में उसके,
तो आज ख़ुद उन आँखों में डूब, ना मर जाऊँ कैसे मैं?

सिख चुकी है ज़िन्दगी मेरी अब सिर्फ़ उसी का राग,
पर उसे साज की तरह जीवन में अपने बजाऊँ कैसे मैं?

जिस इश्क़ को लोग कहते हैं ज़हर ज़माने में,
वह अमृत प्यार का सप्रेम
अपने हाथों से उसे पिलाऊँ कैसे मैं?

लोग तो अक्सर कह देते हैं कि
प्यार दिख जाता है आसानी से,
जो उसे दिख ही नहीं रहा, वह प्यार उसे दिखाऊँ कैसे मैं?

वो हमारे वादे थे हर पल, हर क़दम साथ चलने के,
उस बिन अब यूँ ही आगे बढ़ जाऊँ कैसे मैं?

मैं चाहता हूँ कुछ देर अपने पास में बिठाऊँ उसे,
पर वह नाराज़ है आकर्ष से, उसे मनाऊँ कैसे मैं?

अपना बेवजह प्यार उसे जताऊँ कैसे मैं?
वो एक अरसे से रूठी है, उसे मनाऊँ कैसे मैं?

82. आख़िर क्यों

आकर्ष को तालीम नहीं, तलवार दी गई,
हमें एक गिरी हुई दस्तार दी गई।

आकर्ष भी रखता था सीने में दिल कहीं,
प्यार में वह दिल भी मार दी गई।

क़िस्मत में तो डूबना ही लिखा था,
आकर्ष को सफ़ीने में टूटी हुई पतवार दी गई।

आकर्ष भी बचपन में हँसा करता था बहुत,
पर जवानी आकर्ष को बहुत बेज़ार दी गई।

सिर्फ उस एक प्यार को सजाए रखा नज़रों में,
जिसपर आकर्ष की जान भी वार दी गई।

कभी मेरे प्यार से मिलो तो पूँछना ज़रूर,
आकर्ष को क्यों नज़रों से है उतार दी गई।

83. हम बस तुम्हारे हैं

हम बस तुम्हारे हैं,
मुझे अपना इमान लिखना।
कोरा कागज़ है मन मेरा,
तुम बातें इसमें तमाम लिखना।

हम दरख़्त हैं बरगद के,
तेरा बेसब्री से इंतज़ार करेंगे।
कभी अगर तो थक जाओ तुम,
बेशक मेरी टहनी को थाम लिखना।

जहाँ की कपटी बातों से
अगर झुलसे कभी तेरा मन।
बैठना पास मेरे, मेरे कंधे पर सोना
और इसे आराम लिखना।

जमाना दुश्मन है,
तुम्हें चैन से जीने नहीं देंगे,
जब चाहो शीशे से काटना हाथ मेरा,
मेरे पाकिज़ खून से अपने दिल पर मेरा नाम लिखना।

84. वादा करो

ये तो सच है हर शख़्स,
हर रिश्ता बदल जाएगा एक दिन।
गिरते-गिरते ही सही पर
हर कोई संभल जाएगा एक दिन।

तुम कभी हार मत जाना ज़िन्दगी के बदलते हालातों से,
कोशिश करने से पत्थर भी पिघल जाएगा एक दिन।

तुम अपनी अच्छाइयों और
दुआओं में कमी न आने देना कभी,
तुम्हें सब कुछ देने के रब भी मचल जाएगा एक दिन।

तुम उलझनों को सुलझाने के बारे में
सिद्धांत से सोचोगी अगर तो,
इन उलझनों पर फतह पाने का
राह भी निकल जाएगा एक दिन।

भले ये वक़्त हमारे हिसाब से कभी बिलकुल भी ना चले,
मुझे बेहिसाब यक़ीन है,
हर बुरा वक़्त बदल जाएगा एक दिन।

तब हम कश्तियाँ नहीं, समंदर के धारे बदलेंगे,
डूबने से बच गए तो किनारे बदलेंगे।

बदलने को भले बदल जाए चाँदनी चाँद से,
वादा करो, पर प्यार नहीं हम हमारे बदलेंगे।

85. मैं

मैं वह ख़त हूँ जिसे पढ़ा नहीं किसी ने,
मैं वह मिट्टी हूँ जिसे गढ़ा नहीं किसी ने।

मैं वह तन्हाई हूँ जो कभी ख़त्म नहीं होती,
मैं वह परछाई हूँ जो कभी साथ नहीं रोती।

मैं वह जवानी हूँ जिसे बर्बाद किया गया,
मैं वह अच्छाई हूँ जिसे मरने पर याद किया गया।

मैं वह दर्द हूँ जिसे जाना नहीं किसी ने,
मैं वह प्यार हूँ जिसे माना नहीं किसी ने।

मैं वह पँछी हूँ जिसके नसीब में ज़िंदान मिला,
मैं वह शायर हूँ जिसे बर्बादी से पहचान मिला।

मैं वह तारा हूँ जो टूट जाता है,
पर मैं वो साथ नहीं हूँ जो अक्सर छूट जाता है।

86. ऐसी तक़दीर

नज़्म गज़ल और गान सारे
उसपर लिखते जाता मैं।
एक झलक को मैं तरसते रहता,
उसके एक झलक पर सौ दफा मर जाता मैं।

रातों को राहों पर चलती
वो अगर खफा हो जाती,
फिर उसको मानाने के ख़ातिर
उसे अपने दिल का सैर करता मैं।

जो छुपा है काले बदल से ढक कर,
उसके पीछे का रौशन आशमाँ उसे दिखता मैं।
क्या सच, क्या था फरेब
ये उसको बेशक समझता मैं।

मैं ताकता रहता उसका चेहरा
काश हाथों से अपनी हर बार उसे सजाता मैं।
ख़्वाबों में बस उसका चेहरा,
आँखों में उसे बसाता मैं।

चाँद सा नूरानी चेहरा उसका
उसके सजदे में सर अपना झुकाता मैं।

जब जब लगती उसके हाथों पे मेहँदी
तब तब उसे हाथों से अपने खिलता मैं।

कैसे इस जहाँ में प्रेम को जीता जाए
यह पाठ प्रेम से उसे पढ़ाता मैं।
वो जब जब बनती राधा रानी
काश तब तब श्याम बन जाता मैं।

कभी मिलती तो उसको बताता मैं
प्यार आखिर होता है क्या
उसे प्यार से प्यार समझता मैं।

पर जो रो-रो कर रातों में लिखें हैं
ख़त उस तक आखिर कैसे पहुँचता मैं
मैं कह सकूँ, वो मुझे सके
ऐसी तक़दीर कहाँ से लाता मैं !

87. लिखना मुझ पर तुम

कितना कुछ लिखता हूँ ना मैं तुम्हारे ख़ातिर,
हो सके तो तुम भी मुझ पर कुछ लिखना।
अपनी दोस्ती ना सही, अपनी नाराज़गी ही लिखना,
मेरी हँसी ना सही, उदासी ही लिखना।

नीर नयनन के भले ना लिखना,
दिल का पीर ज़रूर लिखना।
मेरे आँसू न सही, विरान-सी आँखो पर लिखना,
जिन्हें सिर्फ़ तुम्हारा इंतज़ार है।

अपना मनुहार न सही, अपना रूठ जाना लिखना।
चाहो तो भले तुम सब कुछ झूठ लिखना
पर मेरे एहसास का एक-एक पल सच लिखना।
लिख देना कि मैंने कितना प्रेम किया है तुमसे।

तुम कभी कुछ मेरे लिए फिर से ज़रूर लिखना।
जो कुछ ना भी लिख सको
तो बस एक शब्द ज़रूर लिख देना,
"प्यार"

हम फिर मिलेंगे

जब कभी कोई बात नहीं रहती कहने को, मैं ढूँढने लगता हूँ ख़ुद में ख़ुद की बातें। जब कभी तन्हाँ होता हूँ तो तुम्हारी बहुत याद आती है। साथ बिताए हुए लम्हें आखों के पर्दों पर चलते रहते हैं। मैं अक्सर तन्हाई में सोचता हूँ तुम्हारे साथ सब कुछ कितना हंसीं था न, कितनी ख़ूबसूरत होती थी ये दुनियाँ, ये जीवन जब तुम्हारा हाथ मेरे हाथों में होता था! काश हम ताउम्र साथ चलते रहते हँसते हँसाते सबको।

तुम्हारे बाद कितने खाली लगते हैं ये हाथ, ये दुनियाँ, ये जीवन और मैं !

परंतु तमाम मुश्किलों के बाद भी मैं रुका नहीं, मैंने ना ही रास्ते बदले और न ही अपनी मंज़िल। मैं जीवन पथ पर आगे बढ़ने को सदा प्रयासरत रहा।

लफ़्ज़ों की दहलीज़ पर ठहरे थे कुछ अल्फ़ाज़,

न जाने मुकम्मल होगी भी या नहीं ये किताब!

सवाल थे टिमटिमाते तारों जैसे, चाँद था ज़वाब

रब के पास था साँसों में लिपटे इश्क़ का हिसाब

शख़्स अलग थे लेकिन आँखों में था एक ख़्वाब

होंठों पर आकर रुकी थी धड़कनों में छुपी बात

रब ही जाने ये तो कि कब होगी बेमौसम बरसात

जल्द ही होगी मोहब्बत की वह पहली मुलाक़ात

किसी को भी मालूम नहीं दिल में छुपे वह जज़्बात

होंठों पर थिरके शायद वह बात, वह अल्फ़ाज़

दर्द लिख, बाँट रहा हूँ दुसरो के दर्द पर डर है कि,

न जाने मुकम्मल होगी भी या नहीं ये किताब!

कोशिशें तमाम की ख़ुद के मन को सुनने की फिर भी दिल हर
पल हताश रहा।
हकीकतों की बस्तियों में हसरतों का काफ़िला हर दम निराश रहा।
औरों को खुश करते-करते ख़ुद को ना जाने कहाँ खो दिया,
दूजे की उम्मीदों को पूरा करते-करते अब तो दिल भी रो दिया।
वादा है मेरा ख़ुद से अब दिल को कभी मायूस ना होने दूँगा,
सुनूँगा तो सबकी मगर अंतर्मन की आवाज़ को कभी परास्त ना
होने दूँगा।

क्योंकि मेरी रूह पर मेरे तन का जो अबतक यह लिबास है,
यह यूँ ही बेवजह नहीं है, मेरी बाक़ी एक अधूरी आस है।
मिलना जब भी होगा मिट्टी में तो मिट्टी मेरे गाँव की होगी,
आती जाती सांसो की वज़ह बस यहीं एक विश्वास है।

ख़्वाहिशों ने नाता तोड़ लिया, ख़्वाब अब आते नहीं है,
खामोशी ही है ज़िन्दगी में जो मुझे अब बेहद ख़ास है।
एहसास नहीं होने दिया किसी को कि क्या बन गया हूँ मैं,
बिखरे मोती टूटे सपने, रोता दिल और नम हैं आँखें
पर जीवन प्रत्यंत खुश रहूँ यही एक प्रयास है।

आकर्ष ओझा

आकर्ष ओझा

पिता - श्री अमरेंद्र कुमार ओझा
माता- श्रीमती रागिनी देवी
जन्म- 13 जुलाई 2006, पटना

बिहार के चंपारण जिले में स्तिथ चनपटिया के ओझा टोला, जैतिया ग्राम में जन्मे आकर्ष ओझा ने लेखन एवं साहित्य के क्षेत्र में मात्र 17 वर्ष की आयु में अपनी नवीन यात्रा आरंभ की है। आकर्ष सेंट माइकल्स हाई स्कूल, पटना से बारहवीं की पढ़ाई कर रहे हैं। उनकी कविताओं तथा उनकी रचनाओं में शृंगार रस अपनी पराकाष्ठा पर होता है। इन्होंने प्रेम के हर रूप को साहित्य माना है जिससे शृंगार रूपी धागों में शब्दों की मोतियों को पिरोकर दिखाया है। इन्होंने अपने लेखन में मनुष्य के जीवन के हर पड़ाव पर प्राप्त होने वाले प्रेम को समझाने के साथ साथ उसे आपके हृदय में उतारने का प्रयास किया है। इन्होंने मातृत्व,पितृत्व,मानवता इन सभी शब्दों का सृजन जिस प्रेम के कारण हुआ है उसे अपनी लेखन शैली में उजागर किया है। अतः वे प्रेम तथा उसके विभिन्न रूपों को हमारे समक्ष रखने का हमेशा प्रयास करते हैं । इसके अतिरिक्त इस संसार में व्याप्त हर प्रकार की संवेदनाओ, इक्षाओं तथा उनके कारण होने वाले विसमय को समझाया तथा उसे महसूस कराने का उचित प्रयास करते हैं । इनके लेखों तथा कविताओं की भाषा में सरलता तथा भावनात्मकता साफ़ झलकती हैं।

आकर्ष अपने बारे में कहते हैं;

मैंने कभी समुद्र नहीं देखा, पर फिर भी कविताएँ लिखी समुद्र के ऊपर। पहाड़ों पर भी नहीं चढ़ा कभी, फिर भी कविताएँ लिखी पहाड़ों के ऊपर। ऐसी तमाम जगहें जहाँ अभी तक नहीं घूम पाया और वे बातें जो मैंने कभी किसी से नहीं की, उन सब पर लिखी कविताएँ हैं। बिना किसी से मिले, किसी को जाने प्रेम करने की प्रवृति ने ही मुझे अब तक एक इंसान बनाए रखा है।

नफरत के बदले भी यहाँ, जो सबको प्रेम जंतता हूँ,
इसी वज़ह से इस जहाँ में मैं आकर्ष कहलाता हूँ।